WJS CORSO

WJS

Friedrich Dieckmann

Wagner, Verdi

*Geschichte
einer Unbeziehung*

CORSO bei Siedler

Der Siedler Verlag ist ein gemeinsames Unternehmen der Verlagsgruppe Bertelsmann und von Wolf Jobst Siedler.

CIP-Titelaufnahme der Deutschen Bibliothek

Dieckmann, Friedrich: Wagner, Verdi/Geschichte einer Unbeziehung/Friedrich Dieckmann. – Berlin: Siedler, 1989
Corso bei Siedler
ISBN 3-88680-346-5

Inhalt

*»Die Differenz zwischen tüchtigen Leuten
gibt oft das beste Fazit.«*

(Zelter über Righini,
14. September 1812 an Goethe)

Kontrapost

DIESE BEIDEN, ZWISCHEN DENEN JEDES *UND* SICH verbietet, die man nur mühsam und widerwillig, unter dem Druck der von Zehnerpotenzen und Viererbrüchen ebenso mystisch wie mechanisch regierten Setzungen des Kulturbetriebs zusammendenkt, sind durch nichts disponiert, ein Doppeldenkmal zu bilden. Sie stehen nicht Schulter an Schulter oder Hand bei Arm; wollte man sie auf einen Sockel setzen, so wäre Rücken an Rücken, und nicht in siamesischer Konnexion, die angemessene Stellung. Nur der vollkommene Gegensatz, den ihre künstlerische wie persönliche Erscheinung austrägt, stiftet Verbindung zwischen ihnen; er wird verschärft durch den Ernst, den beide, auf dem Boden des gleichen Zeitalters, mit ihrer Gattung, dem musikalischen Theater, machen. Der eine leistet, was der andre nicht vermag; was dieser kann, ist jenem unerreichbar – sind sie zusammen ein Ganzes? Sie sind jeder ein Ganzes, so sehr, daß sie jede gleichzeitige Ganzheit abstoßen.

Und doch stehen sie, abgewandten Gesichts, nebeneinander fast wie Goethe und Schiller. Der eine ein Mann der Selbstdarstellung, Selbsterklärung nach innen wie nach außen, im Offenen von Autobiographie wie im verborgenen Organisationskern des Werkes, ein Deuter seines Selbst als eines Ensembles gesellschaftlicher wie individueller Verhältnisse in jedem der musikalisch-dramatischen Werke, mit denen er die Oper seiner Zeit, auch die Verdische Oper, aus den Angeln hebt, besessener Ausleger seiner von Grund auf angefochtenen Existenz, deren Sinn und Widersinn ihn mit exzentrischer Kühnheit und unbedingter Genauigkeit zu immer subtileren Ausbildungen der Kunst treibt – kein Dramatiker zuletzt, obschon in der Welt des Theaters zu Hause, sondern ein musikalischer Epiker, der das Opernorchester aus der Rolle des Begleiters in die des Kommentators steigert, Handlungen und Figuren in ein Gewebe von sinfonischer Dichte, sublimer Charakterisierungskunst hüllend. Der andere Dramatiker in einem objektiven und praktischen, so kunstreichen wie handwerkssicheren Sinn, den ästhetischen Grundverhältnissen ebenso wie den aktuellen Bedürfnissen des Theaters zugewandt, ein Tragiker von hoher rhetorischer Verve, kontrastversessen und wirkungsbewußt, volksfreundlich und freiheitsliebend.

Verdi steht nicht nur in einem habituellen, sondern ganz unmittelbaren Bezug zu Schiller. Kein deutscher Komponist von Bedeutung, der nach einem Schillerschen Stück gegriffen hätte – von Verdi gibt es gleich drei Opern, die auf den deutschen Dramatiker zurückgehen: »Giovanna d'Arco« (Die Jungfrau von Orleans) 1845 in Mailand, »I masna-

dieri« (Die Räuber) 1847 in London, »Luisa Miller«
(Kabale und Liebe) 1849 in Neapel unter den Augen
Ferdinands II., eines brutalen Konterrevolutionärs,
schließlich 1867 in Paris und, neu gefaßt, 1884 in
Mailand »Don Carlos«. Bei dem einen wie dem andern das Interesse an der Haupt- und Staatsaktion
großen historisch-politischen Stils, das Empfinden
für Klassenschranken, Klassenkämpfe, der Sinn für
Effekt und Pointe bis hin zur Kolportage, die Lust an
der rhetorisch beflügelten Gebärde, die pfeilgleich,
gefiedert-schnell von der Sehne genuiner Theatra-
lik schnellt: »Flieg, Gedanke, auf goldenen Schwingen!« Das ist der Freiheitschor aus »Nabucco«, der
Gesang, mit dem Verdi 1842 die Bühne erobert, mit
dem er auf die Bühne zurückfindet – die Verse könn-
ten von Schiller sein. Die extroversive Kunst dieser
beiden muß sich ihr Publikum nicht erst schaffen,
sie findet es vor; beim Nerv seiner Spannungen, seiner Bedürfnisse gepackt, dankt es dem Autor, dem
Komponisten mit schnell entfachter, niemals ver-
siegender Teilnahme. Wo der Dichter der »Jungfrau« sich, sei es in Leipzig oder Berlin, im Theater
zeigt, brandet Begeisterung auf; in dem Mädchen
aus dem Volke, das einer verrotteten Herrenklasse
den Geist nationaler Selbstbehauptung einflößt, erkennt das Publikum den Anspruch seiner eigenen
Lage. Verdi setzt vierzig Jahre später das Musikzei-
chen der nationalen Wiedergeburt: »Nabucco«, die
Oper von der Verwirrung und Erleuchtung des Ba-
bylonierkönigs Nabucodonosor, wirft mit der

Macht des Gesanges die Fackel der Freiheitssehn-
sucht in ein von Fremdherrschaft gespaltenes und
bedrücktes Volk.

Das sind Wirkungen, die ins Offene, ins Umfas-
sende gehen. Indem er sie auslöst, ist es, als ob der
gefeierte Autor hinter ihnen verschwände; fast gewaltsam ruft ihn der Jubel des Publikums in seine
Individualität zurück. Er wirkt als Person im Wort-
sinn von *personare*, hindurchtönen – der dramatische Komponist, arbeite er mit Worten oder in Tö-
nen, als einer, der dem Publikum Stimme gibt, als
dessen Organ.

Auch Wagner hat das erlebt, dem Neunundzwanzigjährigen widerfährt es in Dresden, in Gottfried
Sempers neuerbautem Theater, das fünfzig Meter
vor dem jetzigen stand; der Augenblick ist denk-
würdig, und so ist es seine Schilderung: » Mit ähnlichen Empfindungen, als ich der ersten Aufführung des ›Rienzi‹ an diesem Tag beiwohnte, habe
ich seitdem nie auch nur vergleichsweise wieder
ein ähnliches Ereignis erleben dürfen. . . . Ich be-
fand mich mit Minna, meiner Schwester Klara und
der Familie Heine in einer Parterreloge, und wenn
ich mir meinen Zustand während dieses Abends zu-
rückrufen will, kann ich mir ihn nicht anders als mit
allen Eigenschaften eines Traumes behaftet ver-
gegenwärtigen. Eigentliche Freude oder Ergriffen-
heit empfand ich gar nicht; meinem Werke fühlte
ich mich ganz fremd gegenüber; wogegen die dicht
gefüllten Zuschauer-Räume mich wahrhaft ängstig-

ten, so daß ich nicht einen Blick auf die Masse des Publikums zu werfen vermochte und die Nähe desselben nur wie ein elementarisches Ereignis – ungefähr wie einen anhaltenden Gewitterregen – empfand, gegen welches ich mich im verborgensten Winkel meiner Loge, wie unter einem Wetterdach, schützte. Den Applaus bemerkte ich nie; und als nach den Aktschlüssen auch ich stürmisch hervorgerufen wurde, mußte ich jedesmal von Freund Heine erst gewaltsam darauf aufmerksam gemacht und auf die Bühne gedrängt werden.«

Die Vorstellung, gegen deren Kürzung sich der Urheber des Werks mit aller Kraft gewehrt hat, dauert zu seiner Verzweiflung volle sechs Stunden, aber weder das Publikum noch die Akteure zeigen Ermüdungserscheinungen; als der Autor sich anderntags rabiate Striche verordnet, fällt ihm Tichatschek, der Sänger der Titelrolle, in den Arm: es sei zu himmlisch. Unter Mitwirkung der beiden ältesten Prinzessinen des sächsischen Königshauses findet der Intendant eine einzigartige Lösung: die Oper wird, in »Rienzis Größe« und »Rienzis Fall« zerschnitten, auf zwei Abende verteilt. Aber das Publikum revoltiert gegen das verdoppelte Eintrittsgeld; zuletzt setzt eine maßvoll reduzierte einteilige Fassung sich durch. »Von nun an füllte ›Rienzi‹, sooft man ihn nur geben konnte, zum Erdrücken das Haus . . . «

Auch »Rienzi« – der witzige Bülow wird ihn nachmals »Meyerbeers beste Oper« nennen – ist ein

Stück, in dem es um Freiheit von inneren und äußeren Bedrückern geht. Der Letzte der Tribunen kämpft gegen die Vorherrschaft des Adels; im Zusammenspiel mit dem deutschen Kaisertum fällt ihn der Mißbrauch klerikaler Ideologiegewalt. Was wäre geschehen, wenn die Pariser Oper das Werk, das der aus Riga kommende Komponist ihr 1840 anträgt, zum Erfolg geführt hätte? Wäre »Der fliegende Holländer« dann ein Auftragswerk der Grand Opéra geworden? »Le vaisseau fantôme« *wird* ein Auftragswerk der Grand Opéra, aber nicht Richard Wagner ist der Komponist. Léon Pillet, der Intendant, kauft dem deutschen Hungerleider sein Libretto ab, um es einem einheimischen Komponisten zur Vertonung zu geben; mit dem Erlös finanziert Wagner seine eigene Komposition. Das ist eine tolle Geschichte: ein Musiker verkauft einen von ihm verfaßten Text an einen Kollegen, um ihn selbst vertonen zu können; mit Rührung verweilt der alte Verdi bei der Begebenheit. »Wagner! Ein überlegenes musikalisches Genie. Er kam wie Paganini mitten unter den ungünstigsten Umständen. . . . Er erlebte herbe Enttäuschungen: um nur ein Beispiel anzuführen, er reichte der Kommission der Akademie der Musik in Paris den ›Fliegenden Holländer‹ ein, die Oper wurde abgelehnt. Dagegen richtete man die Anfrage an ihn, ob er das Libretto derselben verkaufen wolle!«

Aber es hieße den Einfluß der Außenwelt auf die innere Organisation dieses Künstlers überschät-

zen, wollte man annehmen, daß der »Holländer«
Wagner anders geraten wäre, wenn er ihn auf französisch statt auf deutsch, wenn er ihn nach einem
»Rienzi«-Erfolg für die Pariser Opéra statt »in Noth
und Sorge« – so steht es auf dem letzten Blatt der
Partitur – für sich selbst geschrieben hätte. »Der fliegende Holländer« ist schon über ein Jahr fertig, als
Wagner in Dresden jenen Grad von Kommunika-
tion mit der Menge erlebt, der Verdis Schaffen nicht
unfehlbar, aber beharrlich über zwei Jahrzehnte
hin, von »Nabucco« bis zu »La forza del destino«,
begleitet. Der »Holländer« markiert eine Wende;
sie spiegelt sich in der ratlosen Aufnahme, die das
Publikum der Uraufführung zehn Wochen nach
dem »Rienzi«-Triumph bereitet, voller Staunen, so
erinnert sich der Komponist, »wie ich nach dem
›Rienzi‹, wo doch in jedem Akte so sehr viel vorging
und Tichatschek in immer neuen Anzügen glänzte,
nun dieses so gänzlich schmucklose, dürftige und
düstere Werk hätte bieten können«.

Das ist auch eine Frage der Aufführung. »Rienzi«
spielt sich, bei allem äußeren Aufwand, fast von
selbst, das Werk entspricht der szenischen Konvention, also der szenischen Praxis der zeitgenössischen Großen Oper. Für ein Werk wie den »Holländer« gilt es den Aufführungsstil erst noch zu schaffen. Aber das ist nur eine, die Außenseite des Pro-
blems. Wagner hat ein Stück geschrieben, das weder äußerlich noch innerlich, weder theatralisch
noch politisch mit den Bedürfnissen des Publikums

13

kommuniziert; soll man sagen, daß es den Weg vom Wir zum Ich geht? Es vollzieht die Abkehr von dem großen politisch-sozialen Thema, das nach der Erstarrung der Reaktionsperiode die Lebensluft der Epoche machtvoll durchdringt, von der Idee der Freiheit als eines Konzepts sozialen Ausgleichs, staatsbürgerlichen Rechtes, nationaler Selbstbestimmung. An seine Stelle tritt der introversive Teil der Romantik: die mythisch-märchenhaft operierende Pointierung der Künstlerexistenz, in deren Spiegel sich die Perspektivlosigkeit des schöpferischen Menschen in der neuen Industriegesellschaft anschaut.

Den Schritt von der Gesellschafts- zur Individualproblematik, von der politisch-historischen zur Künstlergeschichte vollzieht zu seiner Zeit auch Goethe; er führt von »Götz von Berlichingen« und »Egmont«, den beiden Freiheitstragödien aus dem Geschichtsstoff des Reformationszeitalters, zu »Iphigenie« und »Torquato Tasso«. Das ist zehn Jahre vor der Französischen Revolution; über die Verwandtschaft innerer Konfliktfelder hinaus – bei beiden bestimmt eine übermächtige Schwestergestalt psychodramatische Strukturen – liegt eine Bezüglichkeit der gesellschaftlichen Erfahrung zugrunde. Sie gilt bei Goethe, dem jungen Rechtsanwalt in der von pulsierendem Geschäftsleben erfüllten Freien Stadt Frankfurt, wie nachmals bei Wagner, der in der Weltmetropole des neuen Industriekapitalismus um Kunst und Leben kämpft, der Funktionsweise der bürgerlichen Gesellschaft, die sie in verschiedenen Entwicklungsstadien, aber jeweils in einer weitgehend reinen, von feudalen Gewalten wenig tangierten Form kennenlernen, und führt hier wie dort zu einer Krise des Freiheitsgedankens als eines konkreten Utopia am Horizont der gesellschaftlichen Misere, dem auf goldenen Schwingen entgegenzueilen Volk und Künstler in beflügelter Einheit verbinden dürfte. In zwei Frontstädten europäischer Entwicklung erfahren beide bürgerliche Emanzipation nicht als kämpferisch anzuvisierende Ziellinie sozialer Bewegung, sondern als den Aktionsraum unbedingter Erwerbstätigkeit und empfinden deren Problematik, deren Barbarei. Es ist diese Grunderfahrung, die sie aus der Welt- in die Provinzstadt, aus den Zentren kapitalentfachten Fortschritts unter die Fittiche eines mehr oder minder aufgeklärten Absolutismus sich schmiegen läßt.

Zugleich wendet sich der Blick von den Problemen der Gesellschaft auf das eigene Ich, dessen Horizontlosigkeit unter dem so gefundenen Dach (denn der Rücktritt in die alte Welt ist ja weder individuell noch sozial eine Lösung) sich in Chiffren der Verstörung, des Wahns, einer düsteren Getriebenheit malt. Orest und der Holländer, Tasso und Tannhäuser stimmen innerlich zusammen, die Geschichten sind im ganzen voller Bezug: hier das Mädchen am Meer, das nach einem ausschaut, der übers Wasser käme und Heimat mit sich führte (der dann kommt, ist ein Verfluchter und Getriebener), dort der Künstler bei Hofe, der seinen Blick zu der Prinzessin erhebt, das ihm in Kunst und Liebe zugestandene Maß rettungslos überschreitend. Die tragische Lösung, die Wagner sich, anders als Goethe, in seinen Helden bereitet, zeugt von der Verschärfung des Konflikts; wo in dem winzigen Weimar, unter der Obhut einer kultivierten Aristokratie, Balance noch möglich schien, fühlt Wagner sich in der Geborgenheit Dresdner Provinzialität der Verkümmerung preisgegeben.

Das Publikum aber ist ratlos; es empfindet die Abkehr des Autors von seinen Hoffnungen, seinen Erwartungen und reagiert nicht sowohl feindselig als unbetroffen – bei »Tannhäuser«, der vielen als Regression in den Katholizismus erscheint, kaum anders als beim »Holländer«. Der Künstler, der nur, indem er von sich redet, noch von der Gesellschaft redet, hat es trotz äußerst vertiefter Ausdruckskraft schwer, das Ohr des Hörers zu erreichen. In Dresden ist Frau v. Lüttichau, die Gattin des Intendanten, fast die einzige, die begreift, worum es geht. Goethes »Iphigenie«-Premiere aber ist ein Hoftheaterereignis für einen kleinen, eingeweihten – auch in alle persönlichen Hintergründe eingeweihten – Zirkel. Und so noch lang, bei Wagner wie bei Goethe. Der Rückzug aufs Künstlerdrama, der nicht willkürlich erfolgt, sondern als die Folge avancierter gesellschaftlicher Erfahrung, beschränkt beider Theaterwerke auf den kleinen, speziell sensibilisierten Kreis – der Seelendramatiker zeigt sich als konventikelbildender. Schiller und Verdi verfügen mit Selbstverständlichkeit über ihr Publikum, das macht: sie arbeiten ihm zu. Goethe und Wagner müssen sich ihre Hörerschaft erst heranbilden, Vereinsgründungen heften sich, eingetragen oder uneingetragen, an die Spur ihres Werkes; es ist das Interesse an der Person des Autors, das die Gemeinde beflügelt. Autobiographien, die selbst Hauptwerke sind (die Wagnersche verwandelt sich den Tonfall der Goetheschen souverän an und wird so zu der erquicklichsten Prosaäußerung ihres Verfassers), stellen die Kunstwerke in den Zusammenhang des Schöpferlebens und erleichtern die Wahrnehmung der tiefen Verquickung beider; die Wort-, die Tondichtungen geben sich als »Bruchstücke einer großen Konfession« zu erkennen, die Ich-Bekenntnis ist. »Die Macht des Gesanges« (ein Schillersches Gedicht heißt so) zeigt sich hier auf besondere Weise:

Erstaunt mit wollustvollem Grausen
Hört ihn der Wanderer und lauscht,
Er hört die Flut vom Felsen brausen,
Doch weiß er nicht, woher sie rauscht;
So strömen des Gesanges Wellen
Hervor aus nie entdeckten Quellen.

Es sind die der im Werk, im Gesang rätselhaft sich ergründenden Künstlerseele.

Daß das Konventikel die Gründung eines eigenen Theaters betreibt, das Intime solcherart als das Massenergreifende behauptend, ist Wagners Eigenheit, in der Schillerscher Wirkungssinn (auch: Schillersche Theoriefreudigkeit) mit Goethescher Subjektvertiefung amalgamiert; sie macht das eigentlich Problematische dieses Komponisten aus. Nietzsche erfährt es bei den ersten Bayreuther Festspielen und läuft schaudernd davon. Denn jene Großwerke, in denen sich Künstlerintrospektion durch Ausdrucksmacht und Werktreue ins Menschheitsbedeutende erweitert, gehören dem unsichtbaren Theater an – Wagner weiß es beim »Ring« so gut wie Goethe beim »Faust«; es ist die nur dem Hörenden, nicht dem Lesenden sich erschließende musikalische Dimension, die ihn in den Aberwitz der Realisierung treibt. Aber auch Goethe, der den vollendeten »Faust« ängstlich versiegelt, als müsse die Mitwelt, wenn sie es zu Gesicht bekäme, ihm das Werk notwendig zerstören, ereilt postum das Festspielwesen; Rudolf Steiner, vom Herausgeber der »Farbenlehre« zum Ordensgründer mutierend, errichtet ihm Anfang des Jahrhunderts eine entrückte Stätte theatralischer Hingabe. Von Goetheanern, Wagnerianern ist auch heute noch zuweilen die Rede – die Wendungen setzen voraus, daß man beiden nicht nahekommen könne, ohne ihnen mit Haut und Haar zu verfallen. Von Schillerianern, Verdianern hat niemand jemals etwas gehört.

Erfahrungsdifferenz

KANN MAN SICH GOETHE ALS AUTOR VON KRIMINAL-
romanen und, umgekehrt, Schiller als Tagebuch-,
als Memoirenschreiber vorstellen? Verdi hat eine
Anzahl von Kriminalopern mit zündender Kantabi-
lität versehen; daß aber das Memoirenschreiben
nicht nur eine Frage erreichten Lebensalters ist,
zeigt sich an dem Einundachtzigjährigen, dem die
Deutsche Verlags-Anstalt zu Stuttgart anträgt, seine
Lebenserinnerungen zu schreiben. Ein Schauder
faßt den Greis, der – mit einer einzigen Ausnahme –
der Spur seines Lebens niemals literarisch nach-
gegangen ist: »Niemals, niemals werde ich meine
Memoiren schreiben! Es ist wohl genug für die
Musikwelt, so lange meine Noten ertragen zu haben! ... Niemals werde ich sie dazu verdammen,
meine Prosa zu lesen« (21. Juni 1895).

»Bei einiger Reflexion über die Unterhaltung fiel
mir auf«, schreibt der zweiundfünfzigjährige Goethe aus Jena, »was man für ein interessantes Werk
zusammenschreiben könnte, wenn man das, was
man erlebt hat, mit der Übersicht, die einem die
Jahre geben, mit gutem Humor aufzeichnete.« Er
schreibt es nach Weimar an den um zehn Jahre
jüngeren Freund und Kollegen – das Projekt der

19

Autobiographie taucht vor seinem inneren Auge auf. Schiller schreibt anderntags einen langen Antwortbrief; mit keinem Wort geht er darin auf den bedeutsamen Gedanken ein.

Was hier einerseits verbindet, andererseits trennt, ist eine Differenz der inneren Anlage, die den einen zu immer neuer, Ich und Welt teils leidenschaftlich, teils »mit gutem Humor« zusammensehender Selbstergründung, den andern zu entschlossener Abwehr jeder Selbstpreisgabe führt. Zugleich zeigt sich eine Verschiedenheit der seelischen wie gesellschaftlichen Grunderfahrung am Werk, die in frühe Schichten zurückreicht; sie zieht den Begriff der Ungleichzeitigkeit auf sich. Schiller, der um zehn Jahre später Geborene, schöpft aus einer älteren sozialen Erfahrungsschicht als Goethe; mit unabgelenkter Intensität wirken auf seine Kindheit und Jugend die Zwänge feudal-autoritärer Strukturen. Nicht städtisch-bürgerlich, sondern ländlich-militärisch geprägt ist die Welt, in der er heranwächst – der Vater Soldat und Gärtner, der monarchische Übervater ein Despot nach dem vollen Maß der Epoche. Es ist eine Sphäre ebenso drückender wie überschaubarer Konfrontation: mit der Vater-, mit der Kasernenwelt; sie beruft ihn zum autochthonen Dramatiker.

Verdi ist in einem ähnlichen Fall. In noch höherem Maß ist seine Kindheitswelt ländlich und feudal, mit kleinbürgerlichem Einschlag, geprägt; in Le Roncole, seinem Heimatdorf in der Po-Ebene, ebenso wie in Busseto, dem Landstädtchen mit dem erstaunlichen Musikleben, sind Klerus und Feudalität die bestimmenden Mächte. In demselben Alter, da Verdi in Busseto zu einem Schuster in Untermiete gegeben wird, um das Gymnasium zu besuchen, kommt Wagner als Thomasschüler nach Leipzig, eine der industriell und intellektuell fortgeschrittensten Städte des damaligen Deutschland – und in dem Alter, da Schiller sich in der militärischen Pflanzschule des Herzogs Karl Eugen findet, bezieht Goethe als freier, wohlausgestatteter Student die Universität desselben Leipzig, das auch zu dieser Zeit schon an der Spitze bürgerlicher Entwicklung steht.

Es ist die unangefochtene Geltung gesellschaftlicher Strukturen, die, von Leipzig, Frankfurt, Paris aus betrachtet, fast schon archaische Züge aufweisen, was dem Werk der beiden Dramatiker eine Ungebrochenheit der Konfliktbildung wie des Horizontbewußtseins aufprägt, über die Goethe im einen, Wagner im andern Fall bald hinausgelangt. Nicht die Mündigkeit des einzelnen in einer vom Profitprinzip zusammengehaltenen Welt, sondern seine Entmündigung durch Standesschranken und obrigkeitliche Willkür ist die Grunderfahrung Verdis wie Schillers; sie gibt ihrem Werk die Struktur vor und bewahrt sie vor jenem introspektiv verzweifelnden Individualismus, der das Resultat fortgeschrittener gesellschaftlicher Erfahrung ist. Bei Verdi kommt das Erlebnis von Fremdherrschaft hinzu; der Achtzehnjährige – es wurmt ihn ein Leben lang – wird vor allem deshalb nicht in das Mailänder Konservatorium aufgenommen, weil er als Untertan der Herzogin von Parma (das ist Marie Louise, Napoleons Witwe) in der von Österreich beherrschten Lombardei als Ausländer gilt.

Es sind solche Verhältnisse, die seine musikalische Sprache mit jener extroversiven Bestimmtheit aufladen, die über die Niederlage von 1849 hinweg bis zu Garibaldis Blitzsieg über die neapolitanische Monarchie im Jahre 1860 standhält. Sie liebt die große, bravourös gespannte oder lyrisch ausschwingende melodische Geste und stützt sie mit sparsamen orchestralen Begleitfiguren; Elemente der neuen großstädtischen Unterhaltungsmusik fallen zuweilen ein, wie sie sich andererseits aus diesen Partituren ablösen. In dem Vorspiel zu »Rigoletto«, dem ersten jener drei Werke vom Anfang der fünfziger Jahre (»Troubadour« und »Traviata« sind die andern), mit denen Verdi zu einer europäischen Operngröße wird, herrscht lapidare Düsternis, die das Ende zwingend vorwegnimmt. Potpourrihaft gerät das »La Traviata«-Vorspiel: eine weite ariose Invention, die dem nur wenig älteren »Lohengrin« nahesteht, schlägt jäh in eine neckisch umhüpfte, schlagerhaft insistierende Cellomelodie um. Ist hier ein Eklektizismus am Werk, an dem das Originale vor allem die unbedingte dramatische Fungibilität ist, die die Teile – in der Horizontale wie in der Vertikale der Klangerscheinung – kontrastierend gegeneinanderstellt? Das »Drama der Affekte« (Carl Dahlhaus) wird von dem Gesetz des Effekts reguliert, hinter dem sich, für den Komponisten undurchschaubar, das Marktgesetz der bürgerlichen Ära verbirgt; zugleich waltet jenes hohe Handwerksbewußtsein, auf dem der alte Verdi immer wieder insistiert. Als Resultante erscheint eine Form musikalischen Theaters, die bis heute ihre Zugkraft bewährt: *die tragische Operette.*

Wagner wird ein gesellschaftlich Ratloser schon an seiner Pariserfahrung der Jahre 1839 bis 1841. Die Hauptstadt des Hochkapitalismus zeigt ihm den Freiheitsbegriff, den das von einem überständigen Ständestaat bedrückte deutsche Bürgertum hochhält, in seiner Blöße. An die Stelle der politischen und sozialen Konflikte, die, den Dolch der Kolportage im düster wehenden Mantel, Verdis Opern austragen, tritt die Frontbildung Ich–Welt; in dreifach-opernhafter Variation bekundet das Künstler-Ego sich als heimat-, als weltloses: unter Erwerbsbürgern (das ist der Holländer), unter Höflingen (das ist Tannhäuser), im Ehestand. Das letztere entwickkelt »Lohengrin« und tut es im Vorfeld der Märzrevolution; kein historischer Moment findet Wagner künstlerisch weniger auf dem Posten als der unmittelbare Vormärz. In dem Schwanenmärchen übergipfeln sich die Anmaßungen und Anfechtungen der Künstlerselbstsucht, Künstlersehnsucht auf mythisch-groteske Weise, indes der historische Rahmen, der die träumerisch-aussichtslose Geschichte umgibt, ins Militant-Pathetische entgleitet; die individualistische Selbstbespiegelung ruft die nationalistische wie gesetzmäßig auf den Plan. Gefolgschaftstreue, fraglos in jedem Fall, ist im Schlafzimmer wie auf dem Appellplatz die Losung; als einziges Werk Wagners nimmt dieses unmittelbar vorrevolutionäre imperialistische Momente vorweg.

Auch Verdi ruft zu dieser Zeit den Heerbann auf. Gegen die Barbaren des Nordens, nicht des Ostens geht hier der Zug: auf Kaiser Barbarossas deutsche Heere sollen sich Italiens Mannen stürzen. Aber Italien ist in dieser Zeit wirklich zu großen Teilen in deutscher, nämlich österreichischer Hand, und die Dreiecksgeschichte, die Autor und Komponist ihren Freiheitsrittern beilegen, ist in ihren Komplikationen von so rührender Einfachheit (der totgeglaubte Held erscheint bei der kampfbereiten Truppe und muß feststellen, daß seine Braut seinen besten Freund, Kriegsheld auch er, geehelicht hat, woraus sich eine Fülle von Versuchungen, Befürchtungen, Bekenntnissen, Mißverständnissen ergibt), daß der Zuschauer, auch wenn er gar nichts mehr versteht, immer genau weiß, woran er ist.

Wer aber soll erraten, daß der lichte Ritter, der rettend vor die bedrängte Jungfrau tritt, der Schwan, der ihn hergebracht hat, selber ist und also Gottfried, ihr eigener Bruder, den beiseite geschafft zu haben sie dunkle Mächte nicht ohne Grund bezichtigen? Gottfried ist in dem Schwan, der Schwan ist in Lohengrin aufgegangen, und Elsa darf darum

den silbernen Retter nicht nach seiner Herkunft be-
fragen, weil der Geliebte, äußerst Begehrte – der
Bruder ist, der, nachdem die inzestuöse Hochzeit im
letzten Moment in sich zusammenbrach, denn auch
sogleich wieder auftaucht. Das kann niemand erraten, kaum weiß es der Autor selber, aber es führt so
märchendunkel, so symbolisch-tief in das Innere
seiner Individualität, daß die wundersamsten Ton-
neuerungen sich dabei ergeben. Um so einsinniger
nehmen sich die Gefolgschaftsgesänge aus, die das
kritische Schlafgemach von weitem umhallen; der
gesellschaftliche Aufbruch, der in Sachsens Luft
liegt, gerät dem Komponisten, dies eine Mal und
nicht wieder, zum chorischen Siegheil.

In der Revolution selbst schlägt Wagner sich
höchst tapfer, das Dirigentenpult der Hofkapelle
mit einem Auslug im Turm der Kreuzkirche vertau-
schend, von dem aus er die Truppenbewegungen
der anrückenden Preußen ausspäht; von der Later-
ne der Frauenkirche nimmt ihn die vordringende
Konterrevolution unter Beschuß. Mit den politischen und militärischen Führern des Widerstands
zieht Wagner sich aus der verlorenen Stadt zurück,
er entrinnt einer verräterischen Falle, dann bleibt
nur die Flucht in die Schweiz. Kein größerer Gegensatz als der zwischen seiner und Verdis Lage am
Ende des Jahres 1849: während der stellungs- und
mittellose Flüchtling in einer Schrift von hundert-
fünfzig Seiten von dem »Kunstwerk der Zukunft«
als Frucht einer gelingenden Revolution träumt,

macht Verdi, die Partitur von »Luisa Miller« unterm Arm, in Neapel Anstalten, vor dem Zugriff der Behörden auf ein französisches Kriegsschiff zu fliehen. Das Theater, das ihm die horrende Summe von dreitausend Dukaten für die Oper zugesichert hat, ist in finanzielle Schwierigkeiten geraten, und für ein geringeres Entgelt gedenkt er das Opus nicht herzugeben. Ein Jahr zuvor hat er sich in seiner Parmaer Heimat von dem Ertrag einer sechsjährigen Opernfron Landgut und Stadtpalast gekauft – der Sechsunddreißigjährige beschließt sein Frühwerk als materiell unabhängiger Grundbesitzer auf der heimischen Scholle. Wagner drücken Schulden seit seiner Rigaer, erst recht seit der Pariser Zeit, und sie sind in Dresden bei dem Versuch, Klavierauszüge seiner Opern zu verbreiten, weiter angewachsen; das Exil macht seine materielle Situation vollends aussichtslos. Aber weit entfernt, ihn zum Gängigen und Gewünschten seines Metiers willfährig zu machen, spornt die Lage seine Widerstandskraft – Verschuldung ist der schöpferische Grundzustand seiner bürgerlichen Befindlichkeit. Als Neunundsechzigjähriger erst sieht er alle Lasten abgetragen – und überlebt diese exzentrische Situation nur um wenige Monate.

Der junge Verdi dagegen ist außer sich, als er krankheitshalber einmal die Miete nicht bezahlen kann: »... ich geriet in Verzweiflung«, heißt es in der einzigen autobiographischen Aufzeichnung, die er zu Papier gebracht hat, »ich konnte mich nicht

Verdi um 1848

darein finden, den Zahlungstermin, wenn auch nur um wenige Tage, zu überschreiten«. Lieber versetzt er den Schmuck seiner Frau, als für einen säumigen Schuldner zu gelten. Der scheinbar beiläufige Zug zeigt sich als konstitutiver für die Verschiedenheit dieser beiden Lebensbahnen; ein eingewurzelter Stolz, der eher von einem erschütterlichen und stützungsbedürftigen als von einem gefestigten Selbstbewußtsein zeugt, treibt den einen um materieller Emanzipation willen in die Arme eines musikalischen Geschäftsbetriebs, über den er sich lange Zeit nur partiell erheben kann; sein Freiheitsbewußtsein liefert ihn der Galeere aus. Dagegen verpfändet der andere immer wieder Arbeit und Zukunft, ohne den Markt, den Verkäuflichkeitsaspekt auch nur einen Fingerbreit in sein Werk einzulassen. Schuldenmachen ist für Wagner eine von vielen Arten – eine bevorzugte gewissermaßen –, die Welt an sich teilnehmen zu lassen; unbedenklich stellt er Wechsel auf »das Kunstwerk der Zukunft« aus. Verdi, dem männlich-scheuen, spröd-verschlossenen Parmenser, steht Wagner als der weiblich timbrierte Genius gegenüber, der dem Wunder der Werkgeburt jeden Stolz, jede Rücksicht aufopfert. Beide entziehen sich jeder landläufigen nationalen Typologie: Wagner, der redselige, gebärdenreiche Sachse, steht dem gewöhnlichen Bild des Italieners viel näher als der schroffe und in sich gekehrte, ebenso herrschbewußte wie mitteilungsscheue Verdi.

Gipfelgespräch

WAS SICH SCHILLER NACH DER FRANZÖSISCHEN
Revolution auferlegt, aus einem theoretisch-ästhe-
tischen Klärungsbedürfnis heraus, das ihn mit
Wagner verbindet, wird dem Musikdramatiker als
Gabe der Politik dargebracht: eine Kunst-Pause. Sie
treibt die zwischen beiden Theaterkomponisten
waltende Ungleichzeitigkeit auf die Spitze. Zwölf
Jahre bleibt der steckbrieflich Verfolgte von dem
Gebiet des Deutschen Bundes verbannt – Frist genug, um den neuen, theoretisch vorbereiteten
Werkbegriff in dickleibigen Partituren auch zu rea-
lisieren. Das Scheitern der gesellschaftlichen Revolution, in das er sich spät (erst nach dem Pariser
Staatsstreich von 1851), aber mit Konsequenz findet,
verweist den Heimatvertriebenen an eine Revolution der Oper; in der Einsamkeit der Verbannung
gewinnt sie mit unbeirrbarer Intensität Gestalt. In
sechs Exiljahren, zwischen 1853 und 1859, entste-
hen Stücke von einer Kühnheit, die aus aller Rela-
tion zu der herrschenden Opernpraxis tritt, in welcher sich feudale und bourgeoise Züge, Kommerz
und Repräsentation überschneiden. Dann bricht
der in Zürich beinahe seßhaft Gewordene (doch zu
tief griff das Werk in das Leben ein) nach Paris auf,
um »die furchtbare Kluft« verringern zu helfen, die

zwischen seinen neuen Werken und dem Stand des Musiklebens klafft; sie ist nicht geringer als bei Beethovens und Schuberts späten Instrumentalwerken. Ein auf vier Abende angelegtes Opus, das aus der Sagenwelt des germanischen Nordens so schöpft wie einst Gluck aus der der griechischen Antike, ist zu zwei Dritteln vollendet – tragischer Abgesang auf die Möglichkeit gesellschaftlicher Befreiung; die erste Generation der Revolution, so zeigt die Geschichte vom bös gewonnenen, traurig verlorenen Ring, scheitert an der Übermacht versteinerter Verhältnisse, die zweite an ihrer eigenen ruchlos-ichbefangenen Amoralität. Aber soweit ist die wirkliche Geschichte noch gar nicht; sie muß ihren kompositorischen Propheten erst noch einholen. Dieser setzt seinen aussichtslosen Hoffnungsträger, als wäre er nicht Siegfried, sondern Dornröschen, im Wald unter einen Baum und vertieft sich anhand einer sinfonischen Tragödie, die dem Autor zunächst als italienische Oper vor Augen steht, in die Unlösbarkeit des Subjektproblems; »Tristan und Isolde« geben ihr eine meergleich bewegte Stimme.

Das »Tristan«-Vorspiel ist unter den Stücken, mit denen Wagner Anfang des Jahres 1860 in drei triumphalen Konzerten die künstlerische Jugend der französischen Hauptstadt hinter sich bringt. Im Théâtre Italien harrt ein eigens für diesen Zweck zusammengestelltes Orchester der Winke des Meisters, den der junge Doré in diesen Tagen in einer

Alpengegend, ein Geisterorchester dirigierend, zeichnet. Nun ist es eine wirkliche Kapelle, und sie ist hervorragend qualifiziert; die Probenerfahrung ist gleichwohl drastisch: »Ich ließ zum ersten Mal das Vorspiel zu Tristan spielen; und – nun fiel mir's wie Schuppen von den Augen, in welche unabsehbare Entfernung ich während der letzten 8 Jahre von der Welt gerathen bin. Dieses kleine Vorspiel war den Musikern so unbegreiflich *neu*, daß ich geradesweges von Note zu Note meine Leute wie zur Entdeckung von Edelsteinen im Schachte führen mußte« (28. Januar 1860). Aber er läßt sich nicht beirren: »Und somit – auf Tod und Untergehen! Das ist noch meine Aufgabe, und dafür erhielt mich der Dämon noch am Leben! Ich sehe nichts wie diesen schrecklichen Krämpfen der Weltgeburt meiner letzten Werke entgegen.« Die Krämpfe lassen nicht auf sich warten: noch im Februar bringt Offenbach eine Farce heraus, in der Wagner von einem Gerichtshof musikalischer Klassiker – Gluck und Mozart, Grétry und Weber werden dafür rekrutiert – aus dem Tempel der Kunst verwiesen wird; das Wort »Zukunftsmusik« (Wagner selbst hat es niemals gebraucht) wälzt sich als Hohnwort durch Paris. »Wie schlecht wäre das«, befindet der alte Auber mit Greisenhochmut von den Werken des Neuerers, »wenn das Musik wäre.«

Sechs Wochen nach jenem Januarbrief – er gilt der Zürcher Freundin und »Tristan«-Inspiratorin Mathilde Wesendonk – erklärt Wagner einem Kollegen den neuen Begriff des musikalischen Dramas, der ihm in seinem Alpenexil aufgegangen ist. » In meiner Vorstellung«, läßt sich der Besucher vernehmen, »ist die Oper ihrem komplexen Wesen nach dazu bestimmt, ein organisches Ganzes zu bilden, in dem alle an ihr beteiligten Künste zu einer Einheit verschmelzen: Poesie, Musik, Bühnenbild. Es hieße die Sendung des Musikers mißachten, wollte man ihn zwingen, nur ein simpler musikalischer Illustrator irgendeines Librettos mit festgelegten Arien, Duetten, Szenen und Ensembles zu sein – kurz eines Librettos mit Appetithäppchen, die er in Musik zu setzen hat, etwa wie ein Maler schwarze Druckvorlagen koloriert. Oh, es gibt zahlreiche Beispiele dafür, daß Komponisten von einer erregenden dramatischen Situation inspiriert wurden und unvergängliche Seiten geschrieben haben. Aber wieviel andere Seiten ihrer Partituren sind minderwertig oder überhaupt nichts wert? Je länger diese Verwirrung andauert, um so peinlicher wird man den Mangel einer gegenseitigen Durchdringung von Dichtung und Musik empfinden; nur aus dieser *Doppelkonzeption* heraus kann das wahre Musikdrama geschaffen werden.«

Der Kollege, der solches hört, ist Italiener und unterhält sein Publikum seit dreißig Jahren mit Aperçus statt mit Bühnenwerken: Gioacchino Rossini; Europas Opernherrscher zwischen Waterloo und der Julirevolution hat der Sieg der Bourgeoisie früh zum Verstummen gebracht. Der Achtundsechzigjährige hat sich in die Pressekampagne, die den Neuerer niederschlagen soll (auch Berlioz, der es besser wissen müßte, trägt zu ihr bei), nicht einspannen lassen und öffentlich ein Witzwort dementiert, das ihm wider Wagners Melodielosigkeit zugeschrieben worden war. Zum Dank macht dieser ihm seine Aufwartung; ein junger französischer Literat, der die Begegnung vermittelt hat, schreibt das Gespräch minutiös mit.

Der Mann der Zukunft und der Mann der Vergangenheit in sanguinisch beflügeltem Austausch – Verdi, der Mann der Gegenwart, der in dem zurückliegenden Jahrzehnt mit einer Triade melodisch gespannter, rhythmisch zündender Werke Europas Opernhäuser in Besitz genommen hat, ist der unsichtbare Dritte. Er ist vollauf mit der Befreiung Italiens beschäftigt und hat mit dem zensurumkämpften »Maskenball« gerade ein weiteres musikalisches Fanal jener nationalen und demokratischen Bewegung geschaffen, die sich seinen Namen als Akrostichon beigelegt hat. V.E.R.D.I., das signalisiert den Italienern die Losung des Nationalstaats: *V*ittorio *E*manuele *R*e d'*I*talia – Viktor Emanuel, der Herrscher des liberal und konstitutionell regierten Königreichs Piemont-Sardinien, als Monarch eines geeinten Italiens. Eine Nation, die, politisch geführt von dem piemontesischen Ministerpräsidenten Cavour, musikalisch geführt von Verdi, die Arien des »Trovatore« auf den Lippen, Garibaldi im roten Hemd des Volkstribunen voran, ihre Unabhängigkeit erstürmt, die Revolution mit dem Schwung der Oper, die Oper mit dem Schwung der Revolution erfüllend, beides in eine so vitale Wechselwirkung setzend, daß Revolution der Oper eine ganz abwegige Vorstellung wäre – weder Rossini noch Wagner können hier mithalten. Also unterhalten sie sich – der Mann von einst, der zu einem seiner schönsten Werke, der Kleinen Festlichen Messe, rüstet, und der Mann von morgen, der aus den Luzerner Bergen in das Unheil der Welt so aufgebrochen ist wie sein vorerst im Walde sitzengelassener Siegfried – einstweilen über die Urfrage alles Opernkomponierens: »Prima la musica e poi le parole« (Erst die Musik und dann das Wort), wie der Kollege Salieri 1786 ein Operchen überschrieben hatte – oder umgekehrt?

»Das heißt also«, erwidert Rossini der langen Rede seines Besuchers, »daß Ihr Idealkomponist sein eigener Librettist ist? Das scheint mir aus guten Gründen eine nahezu unerfüllbare Bedingung zu sein.« Wagner schlägt solche Skepsis mit des Gastgebers eigenen Werken nieder. Die grandiose Schwurszene in »Guillaume Tell«, meint er, sei schwerlich ohne gravierende Texteingriffe des Komponisten zustande gekommen. Rossini gibt ihm recht; das findet Wagner »ein wichtiges Geständnis«. Aber werde, meint Rossini, nicht das Publikum das »alte Spiel«, an das es gewöhnt sei, gegen »zerstörerische Änderungen« verteidigen? Wagner hält mit großer Wendung dagegen: »Bildet denn das Publikum die Meister oder formen die Meister das Publikum?« Er verifiziert den Satz mit schöner Courtoisie an Rossinis eigener Wirkung (»Hat nicht Ihr ganz persönlicher Stil in Italien alle Ihre Vorgänger verdrängt?«) und begreift die Erziehung der Sänger ein: »Sie werden in einer Atmosphäre leben, in der es nichts Sekundäres gibt.«

Der Altmeister findet das »vom Standpunkt der reinen Kunst aus« verführerisch. Wie aber stehe es mit der musikalischen Form? Drohe nicht ihre »Verkümmerung zum Rezitativ«, »der Grabgesang auf die Melodie«? Das ist der Punkt, bei dem das Rossini unterstellte Witzwort eingehakt hatte: Opernmusik ohne Melodie, das sei wie Soße ohne Fisch. Mit der Soße, der Schmackhaftigkeit konzediert wurde, war die neue Wagnersche Orchesterbehandlung gemeint. Alle diese Zweifel, diese Fragen (es sind die Vorbehalte einer nationalen musikalischen Überlieferung, die vorab aus der Macht und der Lust des Gesanges schöpft, gegenüber einer andern, der deutschen Tradition, der das vokale und das instrumentale Moment immer zur Einheit aufgegangen waren) hätte auch Verdi dem Neuerer aus dem Norden, der hier ein Osten ist, stellen können. Aber der ist gerüstet, Wagner bekennt sich zu dem melodischen Prinzip: »Ich will die Melodie nicht verstoßen, sondern ich will sie im Gegenteil voll und ganz fordern. Ist die Melodie nicht die Blüte jedes musikalischen Organismus? Ohne Melodie ist nichts und wird nichts sein. Aber ich will sie

anders, nicht in enge konventionelle Grenzen ge-
zwängt; ich will nicht eine Melodie, die symmetri-
schen Perioden, eigensinnigen Rhythmen, vorgege-
benen Harmonien und obligatorischen Kadenzen
unterworfen ist. Ich will die freie, unabhängige Melodie. Ich will eine Melodie, die in ihrer charakteri-
stischen Kontur nicht nur auf jede Person eingeht,
sondern auch auf jede Tatsache, auf jede einzelne
Episode, natürlich immer im Rahmen des Ganzen.
Eine präzis geformte Melodie, die auf die vielfälti-
gen Modulationen des dichterischen Textes eingeht, kann gedehnt, verkürzt und erweitert werden – je nach den Erfordernissen der musikalischen
Wirkung und je nach dem Willen des Komponisten.
Sie selbst, Maestro, haben für diese Art Melodie ein
vorzügliches Beispiel geliefert. In der Szene des
›Wilhelm Tell‹, in welcher der sehr freie Gesang
jedes Wort akzentuiert und, von seufzenden Celli
unterstützt, die höchsten Gipfel der lyrischen Aus-
drucksfähigkeit erreicht.« »Demnach«, sagt Rossini, »hätte ich da unbewußt *Zukunftsmusik* gemacht?« »Eine zeitlose Musik, Maestro, also die
beste.«

In der Folge spricht der Besucher von einem
»System besonderer melodischer Formeln, die die
Handlung begleiten«; der Musikprofessor Jähns
wird es einst das der Leitmotive nennen. Was Wagner in dieser Nachmittagsstunde in dem großen
Arbeitszimmer mit Tisch, Bett, Schreibtisch, Kla-
vier erläutert, ist das Programm des Realismus: die

Musik unterwirft die dramatische Rede nicht mehr ihrem eigenwilligen Formsinn, sondern bezieht aus Struktur und Gehalt des Textes ihre spezifischen Impulse – nicht bloß den affektiven Gestus, sondern das formbildende Agens. Der Idealismus des absoluten Affekts, der losgelösten Kantilene ist wie ein bunter Ballon in der Stratosphäre der Musikgeschichte verschwunden; die neue Form bindet den Gesang mit kunstvoll gewebten Netzen an die untergründige Wirklichkeit des handelnden Menschenwesens. Der musikalischen Wandlung Wagners entspricht eine inhaltliche; die Künstlergeschichten werden von Weltgeschichten abgelöst, in denen die Ich-Welt immer noch quellenmächtig genug umgeht. Es ist ungefähr die Entwicklung, die bei Goethe nach der napoleonischen Zäsur von der »Theatralischen Sendung« zu den »Wanderjahren«, von »Faust«, dem Fragment, zu der Tragödie zweitem Teil führt.

Aber wie vertragen sich Chöre und Ensembles mit dem neuen Geist musikdramatischer Wahrheit? Rossini fragt es, und der Gast zerstreut seine Skepsis; wieder nimmt er den Altmeister selbst zum Kronzeugen der wahren Oper: »Begreifen Sie, was für vielfältige, großartige Entwicklungsmöglichkeiten sich hier anbieten? Und die Ensembles, in denen jede Figur als Individualität auftritt, in denen aber alle diese Elemente in einer der Handlung angemessenen Polyphonie erscheinen – diese Ensembles werden, das betone ich, nicht mehr so absurde Szenen bieten, in denen die von den gegensätzlichsten Leidenschaften bewegten Personen plötzlich ohne Sinn und Verstand ihre Stimmen zu einer Art Largo d'apothéose vereinigen, das einzig den Gedanken nahelegt, daß man besser zu Hause geblieben wäre. ... Das Eingreifen der Chöre ist, sofern es logisch in den Situationen des Dramas begründet ist, eine unvergleichliche Macht und ein sehr wichtiger Faktor des theatralischen Effekts. Dafür gibt es hundert Beispiele. Ich erinnere an die Angst des aufgebrachten Chors in ›Idomeneo‹ – ›Corriamo, fuggiamo!‹ –, ganz zu schweigen, Maestro, von Ihrem wunderbaren Fresko im ›Moses‹ – ›le chœur si désolé, des ténèbres ...‹« »Na also!« sagt Rossini und schlägt sich an die Stirn, »dann habe ja auch ich große Anlagen für Zukunftsmusik! Mir läuft das Wasser im Mund zusammen! Wenn ich nicht zu alt wäre, finge ich noch einmal von vorne an und dann – weg mit dem Ancien régime!«

Das ist scherzend gesagt; zum Schluß wird der alte Mann, dessen frühen Rückzug Wagner beklagt, sehr ernst. »Ich komponiere nicht mehr«, sagt er, »ich bin in dem Alter, in dem man décompose, ich warte darauf, wieder redekomponiert zu werden – ich bin zu alt, um meinen Blick neuen Horizonten zuzuwenden. Aber Ihre Ideen sollten – Ihren Verleumdern zum Trotz – die Jungen zum Nachdenken veranlassen. Unter allen Künsten ist die Musik, ihrem idealen Wesen nach, vorzüglich für Wandlungen geeignet. Und diese kennen keine Grenzen.

Konnte man nach Mozart auf Beethoven gefaßt sein? Nach Gluck auf Weber? Und noch immer ist kein Ende abzusehen. Jeder muß also versuchen, wenn auch nicht weiterzugehen, so doch wenigstens Neues zu finden; er darf sich von einem gewissen Herkules nicht abschrecken lassen: der kam irgendwo an, stellte seine Säule auf und setzte seine Reise fort.« Und nach einem scherzenden Einwurf Wagners noch einmal: »Hoffen wir nur, daß unsere Kunst nie von einem Säulensetzer eingeengt wird.«

Das geht auf Wagners Widersacher, aber es ist auch ein Rat an den beredten Neutöner selbst: daß er, alte Säulen stürzend, nicht neue setze. Im Hinausgehn verhält Rossini den Schritt vor einer Florentiner Spieluhr; er setzt sie in Gang und verabschiedet den Besucher mit einem zarten Reigen alter italienischer Volkslieder. »Was sagen Sie dazu? Das ist vorbei, längst vorbei: einfach und naiv ist das. Wer ist der unbekannte Verfasser? Irgendein Dorfmusikant offenbar. Es ist schon sehr alt und doch immer noch lebendig. Wird in einem Jahrhundert von uns auch soviel lebendig sein?« Das ist dämpfend gesagt; der Mann der leichten, funkelnden musikalischen Gebärde spürt den Absolutheitsanspruch des andern und setzt ihn ins Verhältnis. Aber der Nährboden, auf den er verweist, die Volksmusik, ist am Verdorren, und er weiß das wohl. Die Melodien der Spieluhr sind verschollen, nicht ist es die Musik Rossinis und Wagners.

Die Mitschrift dieses Gesprächs, die Edmond

Michotte, der stumme Dritte, dem Wort getreu, das er den beiden gegeben, erst vierzig Jahre später veröffentlicht, bezeugt eine einzigartige Konstellation. Im Sinne der Ablösung und während noch mit Verdi die italienische Oper über Europa herrscht, vollzieht sich auf Gipfelhöhe die sympathetische Berührung zweier Musikwelten, die sich mehr als ein Jahrhundert lang in deutlichem Antagonismus gegenübergestanden haben, nicht auf italienischem Boden, wo die deutsche Oper niemals eine Chance hatte (es sei denn, daß deutsche Komponisten italienische Opern komponierten), aber auf deutschem, wo die Vorherrschaft eines höfisch protegierten Kulturimports sich drückend, aber auch anspornend auf die Ausbildung einer auf die deutsche Sprache, die deutsche Musik gegründeten Opernform gelegt hatte.

Rossini weiß das, das Elend der deutschen Musik zur Zeit ihrer größten Schöpfermacht steht ihm in unauslöschlichen Bildern vor Augen. Er schildert sie Wagner: den todkranken Weber, der, auf dem Weg nach London zu »Oberon«, in Paris Station macht und sich zu Rossinis Wohnung hinaufschleppt, um dem Widersacher, dessen er sich vor Jahren publizistisch zu erwehren versucht hatte, die Hand zu reichen – gerührt und erschrocken schließt ihn der Jüngere in die Arme. »Povero Weber!« Und er erzählt seinem gebannt lauschenden Gast von Beethoven, dem Beethoven der späten Klaviersonaten und der neunten Sinfonie, den er »in einer ebenso schmutzigen wie erschreckend unordentlichen Behausung« fand; Regen rann durch die Risse der Zimmerdecke. Die Wiener Aristokratie, die, Metternich an der Spitze, Rossini zu einem Galadiner einlädt, reagiert mit Achselzucken auf dessen Bestürzung. »Sie kennen Beethoven nicht«, bekommt er zu hören, »einen Tag nach der Übereignung eines Hauses würde er es verkaufen. Er wird sich nie an eine feste Wohnung gewöhnen; er wechselt alle sechs Monate den Bezirk und alle sechs Wochen das Dienstmädchen.« Dann hört die illustre Gesellschaft sich eins von Beethovens letzterschienenen Trios an. »Die Bilder«, erinnert sich Rossini, »geben sein Gesicht ziemlich richtig wieder. Aber keine Radiernadel vermag die unendliche Trauer seiner Züge auszudrücken, auch nicht die Augen, die unter buschigen Brauen wie aus tiefen Höhlen leuchteten und einen förmlich zu durchbohren schienen.« Beethoven, der den »Barbier« lobt, legt seinen Besucher unerbittlich auf die Buffa fest: »Es wäre Sünde, wenn Sie in einem andern Genre Erfolg suchen wollten.« Rossinis Begleiter verweist auf des Gastes ernste Opern: »Ich habe sie überflogen«, lautet die Antwort, »aber sehen Sie: die ernste Oper liegt den Italienern nicht. Für das echte Drama sind sie musikalisch nicht gebildet genug; wie sollte man das in Italien auch werden?« Rossini gibt ihm nachträglich recht. An den Partituren der »Schöpfung«, des »Figaro«, der »Zauberflöte« habe er, mühsam genug, einst sein musikalisches Rüstzeug erworben.

»Oh, wenn ich in Ihrem Lande hätte studieren können, dann hätte ich Besseres geleistet als das, was man von mir kennt.«

Es ist eine große Szene in dem Wien von 1822: der Opern heckende Gesellschaftsliebling, von der Mode getragen und sie regierend, der mit zitternden Knien – er hat vor kurzem erstmals die »Eroica« gehört – in die verwahrloste Stube dessen tritt, der mit gewaltiger Meisterschaft, unbeirrbarer Widerstandskraft sich dem Elend der Zeitgenossenschaft entreißt. Freundlichkeit überbrückt die Kluft, und sie tut es, mit vertauschten Rollen (nun ist Rossini der Ältere), an diesem Märznachmittag am Boulevard des Italiens; tief prägt sich Wagner die Stunde ein. Er bleibt ihr treu in gedruckten und gesprochenen Worten; 1873 in Bayreuth – der »Ring« ist nun fertig, und sein Urheber macht sich gerade Gedanken über den Vortrag der neunten Sinfonie – rügt Wagner einen seiner Mitarbeiter, Hermann Zumpe aus der Lausitz, daß er die Ouvertüre zur »Diebischen Elster« nicht kenne: »Mein Bester, über Rossini geht nur Beethoven.«

Umschwung

MEIN BESTER, ÜBER VERDI GEHT NUR WAGNER – hätte er das auch sagen können? Im November 1871 sagt Wagner sehr anderes. In Bologna hat eine Woche zuvor mit höchster musikalischer Kompetenz eine Aufführung des »Lohengrin« stattgefunden, die erste Aufführung einer Wagnerschen Oper in Italien überhaupt. (Von Verdi sind zu dieser Zeit allein in Dresden »Troubadour«, »Rigoletto« und »Maskenball« aufgeführt, in Berlin auch noch die »Traviata«.) Wagner sendet ein alsbald in beiden Ländern veröffentlichtes Dankschreiben an einen jungen, musikalisch wie poetisch hochbegabten Opernkomponisten, der seinen Text – wie zuvor schon den des »Freischütz« und des »Rienzi« und nachmals den von »Tristan und Isolde« – ins Italienische übertragen und drei Jahre vorher mit einer Opernvertonung von Goethes »Faust«, »Mefistofele« mit Namen, Aufsehen erregt hat. Er heißt Arrigo Boito und gehört einem Kreis Mailänder Avantgardisten und Bohemiens an, der sich die Zügellosen (»Scapigliatura«) nicht nur nennt; auch Ghislanzoni, der Dichter der »Aida«, gehört dazu. Sie schwören auf Wagner wie in Paris die jungen Genies um Baudelaire und Verlaine. Mit jener professoralen Gestelztheit, die sich so leicht in seine öffentliche Prosa einschleicht, erklärt Wagner, der am gleichen Tag eine Huldigungsadresse des Bologneser Opernchors empfangen hat, dem neunundzwanzigjährigen Kollegen, warum er der »edlen Verlockung« widerstanden habe, zur Premiere zu kommen: »Nur so [unter der Voraussetzung seiner Nichteinmischung] konnte der Erfolg eine gänzlich freie Dokumentation des italienischen Kunstsinnes werden.« Dann kommt er auf seine einstige Unterredung mit Rossini zu sprechen und schließt von Bellinis Sinn für die Musik Beethovens auf die »freimütig offenliegende, zartfühlige Kunstempfänglichkeit« der Italiener überhaupt. »Und hiermit ward mir, über das sonderbare, kastratenhaft singende und pirouettierende Jahrhundert der italienischen Dekadenz hinweg, der unvergleichlich produktive Volksgeist wieder verständlich, welchem die neue Welt seit der Renaissance alle ihre Kunst verdankt.«

Das pirouettierende Jahrhundert der italienischen Dekadenz – das geht auf die Seria des 18. Jahrhunderts; schwerer ist eine andere Passage zu deuten. Der Briefschreiber beklagt, daß er bei seinen Italienfahrten »den naiven Volksgesang, welchen noch Goethe auf den Straßen hörte, nicht mehr vernahm und dagegen den heimkehrenden Arbeiter des Nachts in den gleichen affektierten und weichlich kadenzierten Opernphrasen sich ergehen hörte, von denen ich nicht glaube, daß der männliche Genius Ihrer Nation sie eingegeben hat – aber auch nicht der weibliche!« Sind immer noch Kastraten am Werk? Oder ist mit den »weichlich kadenzierten Opernphrasen« auf Verdis melodiöse Kunst gezielt? Da Rossini und Bellini von allem Tadel ausgenommen sind, ist Verdi als Adressat immerhin denkbar. Aber der Briefschreiber nimmt sich sogleich zurück, er schreibt seine Gehörsbeirrung »einer krankhaften und übertreibenden Verstimmung« zu: »Gewiß mag es tiefer liegen, was meine Gehörphantasie in Italien so empfindlich machte. Sei es ein Dämon oder ein Genius, der uns oft in entscheidungsvollen Stunden beherrscht, – genug: schlaflos in einem Gasthofe von La Spezia ausgestreckt, kam mir die Eingebung meiner Musik zum ›Rheingold‹ an: und sofort kehrte ich in die trübselige Heimat zurück, um an die Ausführung des übergroßen Werkes zu gehen, dessen Schicksal mich mehr als alles andere an Deutschland festhält.« Natürlich, wenn man gerade mit dem »Ring« schwanger geht, bringt man das rechte Ohr für Italiens Opernsang nicht auf.

Der Satz an Boito ist der einzige in Wagners Schriften, den man, wenn man will, auf Verdis Opern beziehen kann. Trotz der Vormacht, die dieser in Europas Opernleben der fünfziger, sechziger Jahre behauptet, hat Wagner ihn niemals, wie Meyerbeer, als Antipoden attackiert; kein feindseliges, kein freundliches Wort findet sich in zehn Bänden gesammelter Schriften. Nur zweimal, jeweils in Kombination mit einer Meyerbeer-Oper, die beiläufige Erwähnung des »Troubadours« und in den

Richard Wagner. Photographie von Franz Hanfstaengl (München, etwa 1865).

Briefen eine nicht unverständliche Indignation darüber, daß Nürnbergs Theater Bayerns König im
Jahre 1866 mit einer Aufführung dieser Oper hul-
digt. Eine jener beiden gedruckten »Trovatore«-Er-
wähnungen findet sich in einem Aufsatz aus der
Zeit des Briefes an Boito, »Über Schauspieler und
Sänger«, der in ein Plädoyer für jenen Sängertypus
ausgeht, der einst »Fidelio« und »Die Zauberflöte«
getragen hat, den Schauspieler, der zugleich als Sänger ausgebildet, den Sänger, der auch »im rezitie-
renden Schauspiele« beschlagen ist; der alte Genast
in Weimar, die Brüder Devrient in Dresden und
Berlin hätten ihn rühmlich verkörpert. Wie dieser
»ehrliche deutsche Sing-Schauspieler« von einst in
Deutschland, so sei in Italien die große Buffa-Tradi-
tion vernachlässigt; die »Lust am sinnlichen
Stimmton-Schwelgen, wie sie sich nur im patheti-
schen Gesange vollständig sättigen kann, ist bei den
Italienern so groß, daß die Anlage dieses so reich
begabten Volkes auch für den populäreren Stil des
fast nur geplauderten Buffogenres verhältnismäßig
nur äußerst spärlich gepflegt wurde, während der
weinerlich dehnende und verzierende Affekt, das
eigentliche Lamento des vermeintlichen tragischen
Stiles, selbst den genialsten Produkten auf jenem
niederen Gebiete immer vorgezogen blieb.«

In diesen Sätzen, die Verdi nicht ausschließen,
erneuert sich Beethovens Votum gegenüber Rossini. Die Konfrontation bewegt sich im Bereich der
Aufführungspraxis – Verdis Werk beherrscht eine

Opernwelt, die Wagner schon zu lange hinter sich gelassen hat, um noch von ihren Novitäten affiziert zu werden. Da schon sein eigener »Lohengrin« ihm ins Vorzeitliche entrückt ist (»Was liegt mir an meinen alten, mir fast gleichgültig gewordenen Werken?« heißt es 1860 an Mathilde Wesendonk) – wie sollte er am »Maskenball«, an der »Macht des Schicksals« Anteil nehmen?

Auch Italiens komponierende Jugend ist diesen weltbeherrschenden Werken ferngerückt. Schon 1869 hat Boito Verbindung mit Wagner aufgenommen: »Brief des Italieners Boito«, vermerkt Cosima am 6. August 1869 in ihrem Tagebuch, »welcher schreibt, daß *Tristan* ihm eine Offenbarung war, wobei wir uns erinnern, daß R. seinen Tristan für italienische Sänger sich gedacht hatte (natürlich nicht für die jetzigen Ignoranten). Boito sagt außerdem, daß die Zahl der Anhänger R.s immer größer in Italien würde.« Der Wandel hat sich in jenen sechziger Jahren vollzogen, da Wagner, einen königlichen Mäzen im Rücken, in München erst »Tristan und Isolde«, dann »Die Meistersinger von Nürnberg« (es wird die vollkommenste Aufführung seines Lebens) auf die Bühne bringt. Politisch-gesellschaftliche Entwicklungen, dem Wachstum (oder Niedergang) der Kunst durch unsichtbare Nabelschnüre verknüpft, spielen hinein.

Wie durch ein Wunder, mit dem Schwung des sieghaft ergriffenen Augenblicks, findet Italien sich am Ziel seiner nationalen Sehnsucht und bemerkt nun, daß es zu früh dorthin getragen wurde. Das von den Alpen bis fast nach Afrika reichende, in Regionen ganz unterschiedlichen Entwicklungsstandes zerklüftete Land wird mit der jähen Vereinigung um so weniger fertig, als sein realpolitisches Ingenium, Cavour, der liberale Monarchist, die Proklamation des neuen Staates nur um wenige Monate überlebt. Deutschland aber ist in vollem Aufbruch, ein Land gärend-andrängenden Selbstbewußtseins, dem das In-die-Welt-Treten des Wagnerschen Exilwerks, dieses Produkts von politischer Krise und Depression, sich wie selbstverständlich zuordnet. Und Wagner geht mit der Zeit; der 1861 wieder Eingebürgerte stellt die alte und die neue deutsche Kunst auf das Piedestal eines historischen Lustspiels, wie es die Welt noch nicht gehört hat: Luther, Bach und Hans Sachs in der reichbewegten Eintracht eines Bekenntnisses, das nicht »Flieg auf!«, wie einst bei Verdi, sondern »Wach auf!« ruft.

Wohin die Reise geht, weiß, als dieser Chor, die Keimzelle der Partitur, dem Komponisten eines Januartags des Jahres 1862 einfällt (in Paris, versteht sich – wo sonst kann man sich so deutsch fühlen?), noch keiner. Nicht ein liberal-konstitutioneller Weststaat, wie im italienischen Falle das Königreich Piemont, ist in Deutschland der Motor der Einigung, und kein rotbehemdeter Partisanengeneral führt die patriotisch entflammten Scharen. Jenes ans Zarenreich grenzende Ostland, das ein genialer Konservativer zum Machtzentrum des deutschen

Einheitswillens macht, ist nicht der fortgeschrittenste, sondern einer der am meisten rückwärtsgewandten Staaten des neuen Reiches.

Von zwei Strömen, einem national-bürgerlichen und einem europäisch-avantgardistischen, emporgetragen, geht von Bayern aus, dem zwischen Preußen und Österreich schwankenden, Wagners Werk über Europa auf und wirft deutliche Schatten auf des italienischen Opernherrschers neuerdings merklich vertiefte Gesänge. Wolfgang Marggraf beschreibt die Lage präzis: »Die jungen Künstler um Arrigo Boito vermochten sich ... nicht darüber zu täuschen, daß Italien ... gegenüber den anderen europäischen Nationen, insbesondere Deutschland und Frankreich, zurückgeblieben war, daß es Ideen aufzuarbeiten hatte, die anderswo längst in das allgemeine Bewußtsein eingegangen waren. Und so mußte sich ihnen die Überzeugung geradezu aufdrängen, daß der Weg aus der Stagnation nur über die Auseinandersetzung mit den wichtigsten Errungenschaften vor allem der deutschen, in zweiter Linie aber auch der französischen Musik führte. Besonders die deutsche Instrumentalmusik bot in Boitos Augen solche fruchtbaren Anregungen in Fülle, ihre Gestaltungsprinzipien, insbesondere die motivisch-thematische Arbeit, konnten auch für die italienische Oper fruchtbar gemacht werden, so wie es Richard Wagner im Bereich des deutschen Musiktheaters beispielhaft verwirklicht hatte.«

Nicht erst bei »Aida« merkt der Meister den Umschwung des musikalischen Bewußtseins, doch bei diesem Meisterwerk, dem Schlußbau seiner mittleren Periode, am schmerzhaftesten. Den künstlerischen Konflikt überlagert ein persönlicher, kaum weniger einschneidend als der, den Wagner gerade durchmessen hat. Angelo Mariani (1821–1873), Italiens bedeutendster Dirigent, Verdis alter Freund und Mitstreiter, soll nach des Meisters Willen die Kairoer Uraufführung der ägyptischen Oper leiten; noch im Juli 1871 hofft dieser auf seine Mitwirkung. Aber Mariani ist verhindert – er muß in Bologna »Lohengrin« kreieren. Drei Wochen nach der Premiere, die trotz einiger Störrufe von der Galerie: »Viva Verdi! Viva Rossini!« ein großartiger Erfolg geworden ist, macht Verdi sich auf die Reise zu dem Wunderwerk und trägt einige mäklige Bemerkungen in sein Partiturexemplar ein, »zu laut« oder »unverständlich«; dann faßt er zusammen: »Mittelmäßiger Eindruck. Musik schön; wenn sie klar ist, hat sie Gedankentiefe. Die Handlung ist schleppend wie das Wort. Mithin langweilig. Schöne Wirkung der Instrumente. Übermaß an langen Noten und schwer erträglich. Mittelmäßige Aufführung. Viel *verve*, doch ohne Poesie und Feinheit. An den schwierigen Stellen immer schlecht.«

»Wenn sie klar ist, hat sie Gedankentiefe« – der Romane weigert sich, dem Unklaren Tiefe zuzugestehen. Die letzten drei Sätze gehen gegen den Dirigenten, der einem Freunde am Tag nach der Aufführung – am 20. November 1871 – in einem langen Brief bekennt, wie sehr die unvermutete Anwesenheit des Meisters die Ausführenden durcheinandergebracht habe. Die Irritation war um so größer gewesen, als ein Vertreter des Verlagshauses Ricordi (das ist Verdis Verlag, Wagner wird von Ricordis Konkurrenten Lucca vertreten) nach dem zweiten Akt einen Hochruf auf Verdi ausgebracht hatte, der einen viertelstündigen Applaus auslöste. So plötzlich, wie er gekommen, verläßt Verdi, der sich dem Publikum nicht gezeigt hat, nach der Vorstellung die Stadt – und trifft nachts auf dem Bahnhof den Kollegen Boito, der seinen Wagner-Enthusiasmus mit der Verehrung Verdis verbindet; zehn Monate zuvor hat er sich bereit erklärt, den Text einer Nero-Oper, die ihn beschäftigt, nicht etwa selbst zu komponieren, sondern für Verdi zu verfassen.

Mariani gelingt die Überbrückung nicht. Sein Konflikt mit Verdi schwelt seit zwei Jahren, schon 1869 ist es zu Differenzen um ein Gedenkkonzert für den ein Jahr zuvor verstorbenen Rossini gekommen. Im Hintergrund aber steht eine Frau, die böhmische Sopranistin Therese Stolz, Verdi-Sängerin höchsten Ranges. Teresa ist Marianis Verlobte; im Februar 1869, bei Mailänder Proben zu der »Macht des Schicksals« (Mariani dirigiert, Teresa singt die Leonore), kommt sie dem Komponisten so nahe, daß Verdis Frau, einst in »Nabucco« die erste Abigaille, der Aufführung fernbleibt; noch 1876 schreibt Giuseppina ihrem Gatten Sätze von glühender Eifersucht. Doch die Ehe hält stand, eine *ménage à trois* bahnt sich an, wie sie zwischen Wagner und den Bülows zerbrochen ist. Die Frauen lernen miteinander auszukommen; im Alter reist man, wohnt man zusammen. Mariani aber, der große Dirigent, löst 1871 sein Verlöbnis wie seine Dirigiergefolgschaft – es ist eine Geschichte, nicht unähnlich der, die sich zwischen Wagner und Bülow begeben hat. Mariani überlebt sie nur um zwei Jahre.

Über die Bedeutung seines Abfalls gibt Gino Monaldi, der Zeitgenosse, Auskunft. Er spricht von dem »großen und gewaltigen Umschwung, welchen der große Parteigänger der Wagnerschen Werke in Italien in der Entwicklung unseres musikalischen Lebens hervorgerufen« habe, und schildert den »Kleinkrieg des Geschmacks und Temperaments«, der die Auseinandersetzung »zwischen den Anhängern der alten italienischen Schule und denjenigen der modernen deutschen Schule« begleite. »Diese beiden Parteien wollten... sich gegenseitig wie politische Fraktionen durch Schlagworte kennzeichnen, und so hefteten, während die Anhänger Wagners die der italienischen Tradition Treugebliebenen mit den Namen der ›Kabalettisten‹, ›Pedanten‹ und ›Rückschrittler‹ belegten, diese ihrerseits ihren Gegnern diejenigen von ›Deutschtümlern‹ und ›Zukunftsmusikern‹ an.« Es steht gut um die Kunst, wenn um ihre Meister gefochten wird.

Krisis

DASS IHM, BEI ALLER VEREHRUNG, DIE MUSIKALISCHE Jugend Europas abtrünnig zu werden beginnt, bemerkt Verdi schon 1862. Er bemerkt es in Petersburg, wo bei der Uraufführung der »Forza« (sie ist ein Auftragswerk der Kaiserlichen Oper) ein »mächtiges Häuflein« national gesinnter junger Komponisten gegen ihn Front macht, die sich von Wagners Musik bestärkt fühlen; er bemerkt es in Paris an dem damals zwanzigjährigen Boito und dem gleichgestimmten, ähnlich begabten Franco Faccio. »Vergangenes Jahr in Paris«, schreibt er 1863 an Clarina Maffei, die vertraute Freundin, »sah ich häufig Boito und Faccio, und sie sind in der Tat zwei sehr geistreiche junger Männer ... Diese beiden jungen Männer werden beschuldigt, glühende Bewunderer von Vagner [sic] zu sein. Nichts Schlimmes, solang die Bewunderung nicht in Nachahmung ausartet. Vagner ist eine vollendete Tatsache, und es ist sinnlos, ihn noch einmal zu machen. Vagner ist weder ein wildes Tier, wie die Puristen meinen, noch ein Prophet, wie ihn seine Jünger wollen. Er ist ein Mensch von großer Begabung, der sich auf schwierigen Wegen gefällt, weil er die einfachen und direkten nicht zu finden weiß. Die Jungen sollen sich keiner Illusion hingeben; es gibt sehr viele, die glauben machen, sie hätten Flügel, weil sie in Wirklichkeit keine Beine haben, um auf ihren Füßen zu stehen.«

Knapper und leidenschaftlicher äußert er sich drei Jahre später zum Grafen Arrivabene, dem nahen Freund, mit dem er, ein Tierfreund von nicht geringeren Graden als Wagner (wären die beiden jemals zusammengekommen, sie hätten weit eher von ihren Hunden als von ihren Opern gesprochen), einen Hundebriefwechsel unterhält: im Namen seines Spaniels schreibt Verdi an den Dobermann des Marchese, und dieser antwortet durch die Feder seines Herrn. Nicht der Spaniel, sondern sein Herr äußert, daß er in Paris »die Ouvertüre zum ›Tannhäuser‹ von Wagner gehört« habe, und bemerkt lakonisch: »Er ist verrückt!!!«

Daß nach der komponierenden Jugend auch die internationale Kritik zu Wagner überläuft, wird Verdi an der wenig erfolgreichen Premiere des für Paris auf einen französischen Text geschriebenen »Don Carlos« klar. Ein Überblick über die wichtigsten Pressestimmen ergibt das niederschmetternde Fazit: »Kurzum, ich bin ein perfekter Wagnerianer« (1. April 1867). Was das – ein Novum bei Verdi – in jahrelanger, bedächtiger Arbeit entstandene Werk an musikalischen Neuerungen enthält, schreiben die Fachleute ohne weiteres dem Einfluß Wagners zu – Verdi wurmt es tief. Zum Glück bleibt ihm der Brief verborgen, mit dem Georges Bizet gegenüber dem Komponisten Lacombe auf die Aufführung

*»Der Generalissimus der deutschen Armee.« Wagner-
Karikatur von Draner, aus der Pariser Zeitschrift
»L'eclipse« (1870).*

reagiert, aber die Meinung, die sich darin kundgibt, hallt auch aus öffentlichen Stimmen wider: »Verdi ist kein Italiener mehr. Er imitiert Wagner. Seine bekannten Mängel sind nicht mehr vorhanden, aber vorhanden ist auch nicht mehr eine einzige seiner Tugenden. Der Kampf ist für ihn verloren, die Oper in die Phase der Agonie getreten.«

Verdi erscheinen die Komponisten zu dieser Zeit wie »Blinde, die um den Stock spielen«: »Sie wissen nicht, was sie wollen noch wohin sie wollen. . . . Auch ich weiß, daß es eine *Musik der Zukunft* gibt, aber ich denke gegenwärtig und werde auch im nächsten Jahr so denken, daß man, um *einen Schuh* zu machen, *Leder* und *Felle* braucht! . . . Ich erkläre, daß ich ein begeisterter Bewunderer der Zukunftsmusiker bin und sein werde, unter einer Bedingung: daß sie mir Musik machen – welches auch immer das Genre, das System etc. sein mag, aber Musik! – Genug, genug! denn ich möchte nicht, daß mich, wenn ich zuviel darüber rede, dieses Übel befalle.«

Im gleichen Jahr – 1868 – schickt Verdi einen hohen Orden, das Komturkreuz der Krone Italiens, zurück, weil der zuständige Minister, Emilio Broglio, Schriftsteller und Revolutionspolitiker von Rang, in einem Brief an Rossini geäußert hat, es gebe derzeit keine ernst zu nehmenden italienischen Komponisten. Ist auch Signor Broglio ein »Vagnerianer«? In einem Brief des Jahres 1869 salviert sich Verdi gegenüber einem Kritiker, Filippo Filippi, seine kompositorische Unabhängigkeit, indem er auf seiner musikalischen Unbildung insistiert: »In meinem Hause gibt es fast keine Musik, ich bin nie in eine Musikbücherei gegangen, niemals zu einem Verleger, um ein Stück einzusehen. Ich bin über einige der besten zeitgenössischen Opern auf dem laufenden, habe sie nie studiert, sondern manchmal im Theater gehört, und in all dem steckt eine Absicht, die Sie verstehen werden. Ich wiederhole Ihnen also, daß ich unter den verflossenen und den gegenwärtigen Musikern der ungebildetste von allen bin. Verstehen wir uns recht . . . : ich meine *Bildung* und nicht musikalisches *Wissen*. In dieser Hinsicht würde ich lügen, wenn ich sagte, daß ich in meiner Jugend keine langen und ernsthaften Studien betrieben hätte. Aus diesem Grunde finde ich auch, daß meine Hand stark genug ist, um die Musik so zu bändigen, wie ich will, und sicher genug, um gewöhnlich die Wirkungen zu erzielen, die ich mir vorstelle« (4. März 1869). In dem einen wie dem andern Brief: Verdi spielt sein Handwerksbewußtsein gegen die Neuerungen aus, die ihn umbranden; nicht auf die Form des Schuhs, so läßt er wissen, kommt es an, sondern darauf, daß er trägt.

Immerhin läßt er sich 1870 von dem Direktor der Pariser Opéra Comique Wagners Schriften schicken (es stellt sich heraus, daß es auch auf Französisch kaum etwas gibt) und macht sich 1871, mit ausdrücklicher Berufung auf Wagner – »diese Idee ist nicht von mir, sondern von Wagner; sie ist sehr gut« –, zum Fürsprecher des unsichtbaren Orchesters. Wenn Verdi sich zu der Aufführungspraxis seiner Werke – szenisch, sängerisch, dirigentisch – äußert, so ist kein Unterschied zu dem Konzept des Festspielgründers auszumachen. Nur daß der Italiener in Briefen schroff und unvermittelt heraussagt, was der Deutsche in Aufsätzen, Abhandlungen, »Zensuren« mit Kaskaden der Überredung und Begründung begleitet. »Ferner ist es wünschenswert«, lautet ein Diktum an denselben du Locle, der sich – er ist Mitverfasser des Don-Carlos-Librettos – außerstande zeigt, Wagners Schriften zu beschaffen, »daß die Künstler nicht nach *ihrer* Fasson singen, sondern nach meiner; daß Chor und Orchester, ›die doch in Paris viel Befähigung haben‹, ebenfalls guten Willen zeigen; daß schließlich alles von mir abhängt, daß nur ein Wille alles beherrscht: der meine. Das mag Euch ein bißchen tyrannisch scheinen! – vielleicht stimmt es sogar; aber wenn die Oper aus einem Guß ist, dann ist die Idee einheitlich, und alles muß zusammenwirken, um diese Einheit zu verwirklichen.« Er sei kein Komponist für die Opéra, die schon Rossinis »Tell« im Prozeß seiner Entstehung deformiert habe: »Ich glaube an die *Inspiration*, Ihr an das Handwerk; ich lasse Eure Vorliebe zu diskutieren gelten, aber ich will den *Enthusiasmus*, der Euch fehlt, beim Hören und Urteilen. Ich will die *Kunst*, in welcher Kundgebung auch immer, nicht das *Arrangement*, die Kunstfertigkeit und das System, die Ihr bevorzugt. Habe ich unrecht? Habe ich recht?«

Wagners Reformwerk hat das theatralische Verantwortungsgefühl der ganzen Zunft geschärft; 1872 in Mailand, bei der italienischen Premiere der »Aida«, greift Verdi selbst in die Regie ein und verdirbt es mit dem Choreographen, als er das Gepränge des Triumphmarschs einschneidend reduziert. Und im folgenden Jahr in Neapel, bei »Don Carlos« und »Aida«, bedingt er sich aus, selbst Regie zu führen. Aber solche Vorstöße ändern nicht viel an einer Lage, in der die gänzlich anders gearteten Werke des Deutschen die seinen, keineswegs stillestehenden auf einmal in die Welt von gestern verweisen.

Ist es der Groll auf den neuen Opernregenten, der ihn bei der Nachricht von Sedan sich mit Ingrimm auf die Seite der geschlagenen Franzosen stellen läßt? Verdi kennt Deutschland nur von wenigen kurzen Besuchen; Frankreich – und namentlich Paris – ist ihm, der in Le Roncole als französischer Staatsbürger zur Welt kam, ein altvertrauter Aufenthalt. Seine Briefe sind ein Ausbruch politischer Sorge, politischer Leidenschaft: »Ich beklage Frankreichs Unglück und habe Angst vor einer schrecklichen Zukunft für uns: mir jagen Land und Volk des Nordens nur Schrecken ein«, heißt es am 13. September 1871 an Arrivabene, und etwas später an Clarina Maffei: »Diese Katastrophe Frankreichs bringt auch mich so gut wie Sie zur Verzweiflung! Ja, die blague, die Unverschämtheit, die Anmaßung

Domenico Morelli porträtiert Verdi. Aquarell von Melchiorre Delfico (1858).

der Franzosen war und ist (trotz ihrem Unglück) unerträglich; aber schließlich hat Frankreich der modernen Welt ihre Freiheit und Zivilisation gegeben. Und wenn es fällt, so fällt, machen wir uns nichts vor, mit ihm jedwede Freiheit für uns alle, fällt auch unsere Zivilisation. Mögen unsere Literaten und unsere Politiker das wissen, die die Bildung und sogar (Gott verzeihe es ihnen) die Kunst jenes Siegervolkes rühmen; wenn sie aber ein wenig mehr ins Innere gehen wollten, würden sie merken, daß in seinen Adern immer noch das alte Gotenblut fließt, daß sie maßlos stolz, hart, unduldsam, grenzenlos gierig sind und alles Nichtgermanische verachten. Es sind Verstandesmenschen ohne Herz; es ist ein kräftiges Volk, aber es hat keinen Schliff. Und dieser König, der immer von der göttlichen Vorsehung redet, mit deren Hilfe er das beste Stück Europa zerstört! Er glaubt sich ausersehen, die Sitten zu bessern und die Laster dieser heutigen Welt zu bestrafen!! Welch ein Typ von einem Sendboten Gottes!«

»Aida«, das Meisterwerk dieser Jahre, ein Schlußstück, das mit vielem ins Neue weist, wird, anders als »Don Carlos«, ein europäischer Publikumserfolg, aber auch hier verfolgt Verdi der Schatten jenes Mannes, der gerade dabei ist, sich ein eigenes Theater zu erbauen, und zwischendurch – Replik auf Offenbach – eine Farce über das belagerte Paris schreibt. Ein Brief aus Parma, von »Aida«-Proben, ist wie ein Notruf. »Ihr seid noch aus der Zopfzeit!!!« ruft er seinem Freund De Sanctis zu. »Was redet Ihr mir von Melodie, von Harmonie! Von Wagner nicht einmal im Traum!! – Im Gegenteil, wenn man richtig hinhören und verstehen wollte, so würde man das Entgegengesetzte finden – das völlig *Entgegengesetzte*. Und schließlich, was kann es dem Publikum ausmachen, daß ich der Schöpfer des ›Rigoletto‹, des ›Maskenballs‹ bin oder nicht und warum nicht des ›Don Carlos‹, der melodischer ist als die beiden anderen Partituren? – Was bedeuten schon diese Schulen, diese Vorurteile von Gesang, Harmonie, Deutschtum, Italianismus, von Wagnerismus etc. etc.? Es ist etwas mehr in der Musik – Es ist die Musik! – Das Publikum soll sich nicht um die Mittel kümmern, deren sich der Künstler bedient! – Es soll keine Vorurteile gegen Schulen haben – Wenn es schön ist, soll es applaudieren. Wenn häßlich, soll es pfeifen! – Das ist alles. Die Musik ist universell. Die Dummköpfe und die Pedanten haben Schulen, Systeme finden und erfinden wollen!!! Ich möchte, daß das Publikum von hoher Warte urteilt, nicht aus der elenden Sicht der Journalisten, der Komponisten und Klavierspieler, sondern nach seinen Eindrücken! – Versteht Ihr? Eindrücke, Eindrücke und nichts anderes. Addio, addio« (17. April 1872).

Welche Art von Äußerungen Verdi verstören, läßt sich der Biographie Monaldis entnehmen, die sich noch zwanzig Jahre später mit der Reaktion der Pariser Presse auf »Aida« befaßt, derjenigen Ernest

Reyers vor allem, der Verdi im »Journal des débats« gelobt hatte, indem er ihm Fortschritte im Studium anderer Meister attestierte. »Es ist gelungen«, resümiert Reyer am 31. Dezember 1871, acht Tage nach der Kairoer Uraufführung, zu der sich die europäische Presse, nicht aber der Komponist aufgemacht hatte: »Gewiß, es gibt noch den früheren Verdi; man findet ihn in der ›Aida‹ mit seinen Übertreibungen, seinen brüsken Gegensätzen, seiner Vernachlässigung des Stils und seinen Exaltationen. Doch ebenso offenbart sich ein vom Germanismus gefärbter Verdi, der sich auf geschickte Art, mit einer Kenntnis und einem Taktgefühl, die man bei ihm nicht vermutet hätte, aller Kunstgriffe der Fuge und des Kontrapunkts bedient; die Klangfarben mit einer seltenen Unbefangenheit schichtet; mit den alten melodischen Modellen bricht, selbst mit denen, die ihm eigen waren ... Ach, nun soll mir keiner kommen und sagen: Monsieur Verdi lebt in der vollständigsten Isolierung und zeigt sich völlig gleichgültig gegenüber jedem neuen Werk, jedem neuen System. Man hat mir vor einigen Jahren versichert, er habe niemals den ›Don Giovanni‹ gelesen. Das ist durchaus möglich, doch hat er ihn danach gelesen und ist sogar noch viel weiter gegangen. Ich bin völlig sicher, daß ihm die Werke Wagners vertraut sind und die von Berlioz ebenso. Er muß sogar die Partituren Meyerbeers ein wenig studiert und sich Gedanken über die Methoden von Monsieur Gounod gemacht haben, die nicht die eines Dahergelaufenen sind. Seine Studien über diese verschiedenen Genres waren vielleicht nur flüchtig, als er den ›Don Carlos‹ schrieb; heute sind sie weit fortgeschritten, wenn nicht gar völlig abgeschlossen. Und wenn Maestro Verdi in seiner neuen Art fortfährt, wird er auf Kosten einiger Sympathien, die sich um ihn herum abkühlen werden, zahlreiche Sinneswandlungen herbeiführen und viele Anhänger gewinnen, selbst in den Kreisen, in denen er bislang nicht zugelassen war.«

Der bekannte Kritiker bescheinigt Verdi, daß er Anstalten mache, zur zeitgenössischen Kunst aufzuschließen – das muß diesen um so mehr erbittern, als es nicht von der Hand zu weisen ist. Reyer reagiert indirekt auf jenen Brief Verdis an den Kritiker Filippi, in dem dieser sich den Anschein gegeben hatte, neuere Werke niemals in die Hand zu nehmen – Monaldi, der Verdi-Parteigänger, tadelt die Sätze des Franzosen als von unziemlicher Herablassung. Er nimmt sie, nachdem er auf Verdis frühe und geradezu überintensive Bekanntschaft mit Mozarts »Don Giovanni« verwiesen hat (»er zog sich an ihm eine Unverdaulichkeit zu, die viele Jahre andauerte«), zum Anlaß eines »kurzen kritischen Vergleichs zwischen Verdi und Wagner«; er ist von jener parteiischen Eindringlichkeit, wie nur Zeitgenossenschaft, die Kampfsituation des Tages sie hervorbringt. Verdi, schreibt der Marchese, sei »im Gegensatz zu Wagner vor allem ein Künstler aus Instinkt. . . . Er war weder Philosoph noch Grübler; er wollte lediglich ein großer Künstler sein. Und so sammelt Verdi, während Wagner mit seiner Kunst denkt und philosophiert und seine Vernunftschlüsse und seine transzendentale Philosophie dem Publikum aufdrängt, ganz im Gegenteil die Poesie des Volks in ihren lebhaften Manifestationen und gibt sie dem Volke mit dem Reize des Gesanges und der Melodie zurück, für den der beste Beweis gerade in der grenzenlosen Popularität lag.« Zwar habe »das Reformwerk Wagners eine Bedeutung und Ursprünglichkeit von absoluter Überlegenheit«, aber der »unvermeidliche Individualismus« nehme »in der ›Tetralogie‹ und im ›Parsifal‹ eine so nebelhafte und übermenschliche Ausdrucksform an, daß es schwerfällt, sie dem Allgemeingefühl zu assimilieren«.

Verdi der Mensch, Wagner der Übermensch? Jener der Volks-, dieser der Gedankenkünstler? Der »wirkliche melodische Gehalt der Wagnerschen Opern« reduziere sich »auf eine ziemlich bescheidene Summe, wenn man davon die Phrasen und Stellen abzieht, die eine gewisse Eurhythmie der Figurationen und des Tones aufweisen und die sich in wunderbarer Weise in die staunenswerte symphonische Unterhaltung einfügen, welche die Aktion beherrscht und gewissermaßen zur Entfaltung bringt.« Im »Ring«, meint der einfühlsame Opponent, sei »das Orchester alles, es ist das Wesen, das Leben, die Seele, der Held des Dramas. Selbst dem Leitmotiv gelingt es nicht, sich zu der gewollten

Höhe der Schilderung zu erheben, es sei denn, daß das Orchester es unter seinen Schutz nehme, es bewege, es hin und her wiege, es antreibe und aus den schweren Wogen seines tönenden Ozeans emporschnellen lasse.« Und zusammenfassend: »So transzendental und ideal spekulativ die Kunst Wagners ist, so plastisch und menschlich ist die Verdis ... je weniger sich Wagner um die größere oder geringere Verständnisfähigkeit des Publikums und den Ausdruck seiner Wertschätzung kümmert, um so mehr hält Verdi darauf und rechnet er damit.«

Verdi ein Komponist für die Menge, Wagner einer für die Intellektuellen? Das klingt plausibel, aber die Formel hält, jedenfalls für Deutschland, statistisch nicht stand. In einer Aufstellung der Berliner Staatsoper von 1965 stehen die in Berlin erfolgreichsten Opern Verdis, »La Traviata« und »Rigoletto«, an zwölfter und dreizehnter Stelle, unmittelbar nach »Tannhäuser« und »Lohengrin«, unmittelbar vor dem »Fliegenden Holländer« und den »Meistersingern«, weit hinter dem Mozartschen Dreigestirn »Figaro«, »Giovanni«, »Zauberflöte«. Bei der Addition aller Vorstellungen seit den jeweiligen Berliner Erstaufführungen behauptet Wagner mit 11 Werken und 4663 Aufführungen einen deutlichen Vorsprung vor Mozart (5 Opern, 3585 Aufführungen) und Verdi (11 Opern, 3345 Vorstellungen). In Dresden, wo nicht, wie in Berlin, »Die Zauberflöte«, sondern »Der Freischütz« das Repertoire anführt, ist das populäre Übergewicht des Landeskinds Wagner noch ausgeprägter (die Zahlen stammen hier von 1980): Verdi 2069 Aufführungen (8 Werke), Mozart 2431 Aufführungen (5 Werke), Wagner 4210 Aufführungen (11 Werke). »Tannhäuser«, »Lohengrin« und »Holländer« sind hier unter den fünf meistaufgeführten Stücken (die »Zauberflöte« schiebt sich dazwischen), Verdis erfolgreichstes, der »Troubadour«, der 1860 zum ersten Mal erscheint, steht an vierzehnter Stelle.

Dennoch hat jene formelhafte Antithese einen rationalen Kern; nicht nur unter nationalem Aspekt, auch in kultursoziologischer Hinsicht schreiben Wagner und Verdi nicht für das gleiche Publikum. In einer Zeit, da unter dem Druck der industriellen Entwicklung sich jener Riß durch Kunst und Gesellschaft vertieft, der in den am weitesten entwickelten Ländern schon 1830 einschneidend geworden war, drohen jene musikalischen Mittel, die Verdi so kunstreich wie beharrlich an Kolportagetragödien großen dramatischen Stils wendet, in den Bereich des Populären und Trivialen abzusinken; angesichts einer Entzweiung, die die Volkskultur vernichtet und die Industrie-, die Geschäftskultur an ihre Stelle setzt, büßen diese Mittel ihre Fähigkeit ein, Konflikte vorzustellen. Eine Londoner Karikatur von 1879 wandelt Verdis würdig-bartumrahmtes Altherrengesicht mit den skeptisch blickenden Augen und der scharf niederfahrenden Nase ins Hausiererhafte ab und setzt den Text darunter: »Er hat die italienische Musik auf allen Drehorgeln Europas populär gemacht. Seine Musik ist im wesentlichen die Musik der Gegenwart, seicht und gefällig, angenehm und klangvoll.«

Die Geltungskrise des Verdischen Werkes treibt seltsame Blüten; 1872 wagt es ein Parmaer »Aida«-Besucher, Eintrittsgeld und Reisespesen von dem Komponisten zurückzufordern. »Ich gelangte zu folgendem Schluß«, schreibt der Opernfreund, der es sich nicht leicht gemacht hat, nach dem Besuch zweier Aufführungen: »Die Oper enthält durchaus nichts, was begeistert und elektrisiert; wenn die pomphaften Dekorationen nicht wären, würde das Publikum nicht bis zum Schluß aushalten. Sie wird das Theater noch einige Male füllen und dann in den Bibliotheken vermodern.« Von den verlangten 32 Lire erstattet Verdi (er zieht das Abendessen ab) durch seinen Verleger den Betrag von 27,60 L – unter der Bedingung, daß der Empfänger sich dazu verpflichte, nie wieder eine seiner Opern zu hören.

Besinnung

NICHT WAGNERS ERFOLG IST ES, WAS IHN VERBIT-
tert; er ist nicht der Mann, andern Erfolge zu miß-
gönnen. Verdi verstört, daß dessen Werke nun das
Maß der seinen abgeben sollen. Das Bild des andern blickt ihn im Urteil der Mitwelt *aus seinen
eigenen Werken* an – das macht ihn schaudern. Er
kann tun, was er will, in der Oper: wenn es fesselt,
wird man es Wagner zugute halten, und nur, wenn
es langweilt, ihm selbst. Das ist eine verteufelte Lage; in Briefen macht sich Verdis Verzweiflung Luft.
»Nach 25 Jahren Pause an der Scala«, schreibt Verdi
1872 an seinen Verleger Giulio Ricordi, »bin ich in
der ›Macht des Schicksals‹ nach dem ersten Akt
ausgepfiffen worden. Nach der ›Aida‹ endloses Ge-
schwätz, daß ich nicht mehr der Verdi des ›Maskenballs‹ sei (jenes ›Maskenballs‹, der das erstemal
in der Scala ausgepfiffen wurde) ... daß ich nicht
für die Sänger zu schreiben verstünde; daß nur im
2. und 4. Akt einiges Erträgliche sei (im dritten
nichts) und daß ich noch dazu ein Nachahmer Wagners wäre!!! Ein schönes Ergebnis, wenn man nach
35 Jahren als Nachahmer enden muß!!! Sicher ist,
daß mich diese Schwätzereien nicht um Haares-
breite von meinem Ziel abbringen, wie sie mich niemals davon abgebracht haben, denn ich habe immer

gewußt, was ich wollte. Aber nun ich dort bin, wo ich jetzt stehe, sei es hoch, sei es niedrig, kann ich wohl sagen: wenn es so ist, macht, was ihr wollt; und wenn ich Musik machen will, kann ich sie ja in meinem Zimmer machen, ohne die Urteile der Gelehrten und der Dummköpfe anhören zu müssen.«

Verdi, der Opernkomponist, verstummt – die Wirkung der neuen musikalischen Sprache, die der deutsche Komponist heraufgeführt hat, erlegt ihm jene Zäsur auf, die Wagner einst die Konterrevolution beschert hatte, die schöpferische Pause. Aber er füllt sie nicht mit ästhetischen Reflexionen; er verbringt seine Zeit eher wie Goethe, der sich durch das Aufkommen der Romantik in allen Bereichen deutscher Kultur ähnlich außer Kurs gesetzt gefühlt hatte wie nun Verdi durch deren musikalischen Vollender. Die Lage ist paradox genug – Verdi, der Realist des Theaters, der als Musiker die romantische Form zu fristen versucht hat, sieht sich von einem Romantiker beiseite gesetzt, der die realistische Musik erfunden hat. Der Konflikt ist einschneidend, aber nicht ausweglos; die Zukunft wird es zeigen.

Der Sechzigjährige wendet sich der Natur zu; nicht der Ergründung des Farbensehens, sondern der Verbesserung des einheimischen Ackerbaus, der Gründung von Werkstätten und Hospitälern gilt seine Tatkraft. Im übrigen macht er tatsächlich einmal Musik fürs Zimmer. Die neapolitanische »Aida«-Aufführung von 1873, »nicht vergiftet durch Wenn und Aber, durch die schrecklichen Redensarten von Wagnerei, Zukunftsmusik, unendlicher Melodie und dergleichen«, stärkt sein leicht angefochtenes, dabei mit starkem Machtbedürfnis gepaartes Selbstbewußtsein so nachhaltig, daß er seine erste – und leider auch letzte – Kammermusik schreibt, ein Streichquartett in e-Moll. Am Tag nach der Opernpremiere erklingt das Werk, das sein Urheber noch eine Zeitlang vor der Öffentlichkeit verschließt, in einer Privataufführung in Verdis Wohnung. Zum ersten Mal zeigt sich der Musiker freigesetzt von den Zwängen, den Ambitionen dramatisch-theatralischer Wirkung – freigesetzt zu sich selbst? Das viersätzige Werk ist von einer Meisterschaft in der Erfindung, Verwebung thematisch-motivischer Gestalten, die alle die Lügen straft, die Verdi auf das Postament einer historischen Größe entrücken wollen. Es ist ein zukunfthaltiges Werk von sublimster Faktur, die jenes dialektische Spiel thematischer Kontraste, das Wagner als nicht mehr formbildend abweist, zu einer neuartigen Ausdruckskraft bringt.

Auch Wagner schreibt in diesen Jahren eine Kammermusik – auch er seine einzige, das »Siegfried-Idyll«: kein federndes Spiel mit thematischen Gegensätzen, sondern strömende Evolution variativ belebter, immer neu umspielter, zuweilen kontrapunktisch verflochtener Hauptgedanken. Hier der epische Fluß, dort der dynamische Diskurs, hier eine monologische Grundverfassung, dort eine dialogische – auf gleicher Gipfelhöhe und mit demselben Gestus sublimer Lebensheiterkeit ein reiner Gegensatz, der sich doch nicht als unauflöslich zeigt. Von beiden Werken, die einzigartig in der musikalischen Landschaft ihrer Zeit stehen, geht ein Impuls nach vorn, zu einer schon heranwachsenden Jugend.

Ein Jahr später bekräftigt Verdi seine Opernferne mit der Komposition eines anderthalbstündigen Requiems; es gilt dem Andenken Manzonis, Italiens großen Dichters, und geht unter der Leitung des Komponisten mit den Sängern der Mailänder Uraufführung durch Europas Hauptstädte – ein Werk voller Tiefsinn und Kraft, machtvoller Grabgesang auf eine Epoche, die, Verdi begreift es unter Schmerzen, unwiderruflich zu Ende gegangen ist, die Epoche des Risorgimento. Auch in Deutschland dringt das Requiem durch.« Unsere feinsten Kenner und Liebhaber, worunter ein stattliches Contingent geschworener Verdi-Gegner, stimmten rückhaltlos in den allgemeinen Beifall« – so schreibt der Professor Hanslick in Wien, und er schließt: »Verdi hat, an die bessere neapolitanische Kirchenmusik anknüpfend, weder die reicheren Kunstmittel seiner Zeit noch das lebhaftere Feuer seines Naturells verleugnet; er hat, wie so mancher fromme Maler, auf dem Heiligenbild sein eigenes Porträt angebracht. Auch die religiöse Andacht wechselt in ihrem Ausdruck; sie hat ihre Länder, ihre Zeiten. Was in Verdis Requiem zu leidenschaftlich, zu sinnlich erscheinen mag, ist eben aus der Gefühlsweise seines Volkes heraus empfunden, und der Italiener hat doch ein gutes Recht zu fragen, ob er denn mit dem lieben Gott nicht italienisch reden dürfe?«

Auch Wagner hört das neue Opus in Wien, nicht unter Verdi (die beiden treffen sich nie), sondern unter seinem »Ring«-Dirigenten Richter – was hält er davon? »Abends«, schreibt Cosima am 2. November 1875 in ihr Tagebuch, »das ›Requiem‹ von Verdi, worüber nicht zu sprechen entschieden das beste ist.« Auf den verschwiegenen Tagebuchseiten wie in zehn Bänden gesammelter Schriften: kein Wort über Verdi – Unbeziehung ist das Grundverhältnis dieser Meister. Sie wissen darum; daß sich das Verhältnis unter dem Druck jener musikdramatischen Neuerungen, die sich mit Wagners Werk verbinden, zu einer Scheinbeziehung verfälscht, ist Verdis tiefer Unmut.

Anderntags hören die Wagners eine andere Novität, sie wird die Stücke der beiden Sechzigjährigen bald vielerorts auf die Plätze verweisen – einen jener repertoireüberwältigenden Hauptwürfe, wie er weder Wagner noch Verdi dauerhaft gelingt: Bizets »Carmen«. Realistische Tragödie aus dem Geist und mit den Mitteln jenes Singschauspielers, den ausgerechnet Wagner, der Nummernfeind, der alles durchkomponiert, in diesen Jahren auf den Schild hebt, opéra comique mit souveräner Anverwandlung jener Orchestererrungenschaften, die der beredte Sachse über die Musikwelt gebracht hat – die junge Generation (aber der Komponist erlebt seinen Erfolg nicht mehr) meldet sich unüberhörbar zu Wort; der Antagonismus hie Wagner, da Verdi ist ihr bereits historisch. »Interessant« findet Cosima das Werk.

Sieben Jahre später, eines Apriltags des Jahres 1882, bricht das unermüdliche Tagebuch dann sein Schweigen. Man ist in Venedig, der Tristan-Stadt, in der dunkle Wasser kostbare Mauern umspülen, der Monteverdi-Stadt, Wiege der Oper, wie sie ursprünglich war und bei Wagner wieder hatte werden wollen: Wort-Ton-Einheit auf mythisch-orphischem Grunde. »Parsifal«, das End-, das Abschiedswerk, ist fertig instrumentiert, im Sommer soll die Uraufführung sein; von Palermo nach Bayreuth führt der Weg über die Lagunenstadt. Wagners weiblicher Eckermann liest bedeutende Sätze auf: »... daß man in unsrer Zeit eigentlich nur Kritik üben könne, nur die Lüge aufdecken; und sonst das Kunstwerk aufstellen!« heißt es am 21. April; man kann die Lage der Kunst nicht knapper umreißen. Zwei Tage später dann: »R. hat sich ein Verdisches Motiv gemerkt, welches gestern duettartig auf dem Großen Canal gesungen wurde; er singt es mir lachend über diesen Wut-Ausbruch, der da gestern zum besten gegeben wurde; den abgebrochenen Rhythmus – ›da soll man sagen, daß das eine Naturlinie sei‹ – hat er sich gemerkt, Rossini habe so etwas nicht.«

Verdi als der originale Rhythmiker, dessen melodische Prägungen auf den Wassern des Volkslebens umgehen, das Theater der Wirklichkeit steigernd und erhöhend: es wird sogleich notiert – und dringt erst neunzig Jahre später ans Licht der Öffentlichkeit. Wie, wenn Verdi die Stelle noch hätte lesen können? Hätte sie ihn erfreut, entlastet? Noch immer liegt Wagners Wirkung als ein schwerer Druck, eine lähmende Verstimmung auf dem Altersgenossen. Er hat, außer zwei Kirchensätzen nach Danteschen Texten, seit 1874 nur Umarbeitungen zustande gebracht: »Don Carlos« und »Simone Boccanegra«, zwei Hauptstücke, deren Mißerfolg ihn wurmte, in dramatisch gestraffter, musikalisch vertiefter Gestalt. Das Libretto einer »Jago«-Oper, nach Shakespeares »Othello«, liegt seit drei Jahren unbearbeitet in seiner Lade.

Der junge Franz Werfel, der in den zwanziger Jahren auf allen Ebenen eine Wiedererweckung der Verdischen Oper in Deutschland betreibt (in Dresden führt Fritz Busch 1925 seine eigenwillige Neufassung der »Forza del destino« auf – in seinen Memoiren nennt er die Aufführung eine von jenen, »in denen man sich dem Ideal dieser Kunst nahe fühlte«), hat Verdis damalige Situation in einen Roman zu fassen gesucht. Das Buch imaginiert einen Venedig-Aufenthalt des Komponisten zwischen Dezember 1882 und Februar 1883: Verdi auf dem Weg zu seinem großen Kontrahenten, dessen Tod eine Begegnung vereitelt, zu der der Italiener

*Auf der Gartentreppe von Haus Wahnfried, 23. August
1881. Von links nach rechts, obere Reihe: Blandine v. Bülow, Heinrich v. Stein, Cosima Wagner, Richard Wagner,
Paul v. Joukowsky; untere Reihe: Isolde und Daniela,
der Hund Marke, Eva, Siegfried. Photographie von
Adolf v. Groß.*

sich gerade frei geworden fühlt – frei geworden auch und vor allem zu sich selbst. Das ist traumhaft-symbolisch gemeint, aber mit realistischen Mitteln ins Werk gesetzt; es erweist, jenseits dieser ästhetischen Diskrepanz, seine innere Stimmigkeit: Wagners schöpferische Präsenz suspendiert in diesen Jahren tatsächlich diejenige Verdis. Schostakowitsch hat das Phänomen an dem Verhältnis zwischen Tschaikowski und Rimski-Korsakow aufgewiesen: wie der letztere erst nach dem Tod seines Petersburger Kollegen wieder fähig geworden sei, Opernnoten aufs Papier zu setzen.

Wagners Tod, am 13. Februar 1883, bewirkt in Verdi eine Äußerung spontaner Trauer. »Traurig Traurig Traurig!« schreibt er zwei Tage später an Giulio Ricordi, den Freund und Verleger: »Wagner ist tot! Als ich gestern die Depesche las, war ich darüber, fast möchte ich sagen, fassungslos. Hier schweigt jede Erörterung. – Eine große Persönlichkeit ist dahingegangen! Ein Name, der einen sehr starken Eindruck in der Geschichte der Kunst hinterläßt!« Das kommt aus vollem Herzen; jene Brüderlichkeit der großen Schöpfernaturen flammt auf, die – im Menschlichen – alle Agonalität überwölbt.

Richard Wagner. Photographie von Josef Albert (München 1880).

Erneuerung

Nur langsam löst sich der Bann. Noch im März ist Verdi entsetzt, als eine Zeitung ein Wort des Tenors Maurel kolportiert, Verdi werde den jungen Zukunftsmusikern mit seinem »Jago« schon »den Meister zeigen«. »Gott behüte mich davor!« tönt es aus dem großen Palazzo in Genua, der, im Unterschied zu Wagners Winterwohnung in einem Seitengeschoß des Palazzo Vendramin, dem Komponisten wirklich gehört. »Es war nie meine Absicht und wird das nie sein, jemand ›den Meister zu zeigen‹. Ich bewundere ohne irgendwelches schulmäßige Vorurteil alles, was mir gefällt; ich selbst schreibe, wie mir ums Herz ist, und lasse die andern machen, was sie wollen. Übrigens habe ich bis jetzt noch nichts von diesem ›Jago‹ oder vielmehr ›Otello‹ niedergeschrieben und weiß nicht, wie ich es damit in Zukunft halten werde.« Sein siebzigster Geburtstag im Oktober 1883 erfüllt ihn mit Empfindungen tiefer Niedergeschlagenheit: »Der Jahre werden allmählich wirklich zu viele, und ich meine – ich meine, daß das Leben das Dümmste und, was noch schlimmer, unnütz ist. Was tut man? Was werden wir tun? Faßt man alles zusammen, so gibt es nur eine demütigende und überaus betrübliche Antwort: Nichts!«

Das ist wie Prosperos Schlußwort im »Sturm«: »Zum Zaubern fehlt mir jetzt die Kunst: / Kein Geist, der mein Gebot erkennt; / Verzweiflung ist mein Lebensend.« Er beschäftige sich »mit gar nichts, weder mit Musik noch mit Literatur«, erfährt *caro Hiller,* der deutsche Freund und Kollege: »Ich schaue zu, was die anderen machen, und weiß nicht, ob ich mich darüber freuen soll oder nicht.« Auf englische Musik gehen trübselige Hoffnungen: »Es wäre schön, wenn jene Nation, die noch nie musikalisch gewesen ist, uns nun unter die Arme griffe! Warum nicht? Ihr Deutschen, die ihr soviel Großes geleistet habt, übertreibt jetzt und schießt übers Ziel hinaus. Wir haben auf unsere Individualität und auf unsere Neigungen verzichtet und haben uns selbst umgebracht. Die Franzosen schaffen, schaffen und schaffen und finden es nie – – Seien darum die Engländer willkommen!« (4. Dezember 1883) Die Vorzeichen haben sich umgekehrt: deutsche und italienische Musik, ein Jahrhundert und länger auf deutschem Boden um Vorherrschaft ringend, haben die Rollen getauscht; die deutsche Musik gibt nun das Maß der europäischen Operndinge.

Zu Weihnachten schickt Ricordi, mit humoristischer Anspielung auf das Stück in der Schublade, einen in einem Stollen verborgenen Schokoladenmohren, und Anfang des neuen Jahres – am 10. Januar hat der umgearbeitete »Carlos« in Mailand Erfolg – weicht dann die jahrelange Karenz; ein

Bündnis wird fruchtbar, das Verdi, von seinem Verleger angespornt, schon Ende der siebziger Jahre eingegangen ist: das Bündnis mit der jungen, wagnerisch eingeweihten Generation. Franco Faccio (1840–1891), der Chef der Scala, der dort 1889 den »Meistersingern« und vorher schon »Freischütz« und »Lohengrin« zum Durchbruch verhilft, ist seit der Mailänder »Aida« sein wichtigster Dirigent, und 1879 setzt die librettistische Zusammenarbeit mit Faccios Freund und Kollegen Boito ein, der großen Opernhoffnung der italienischen Jugend. Der merkwürdigste Fall einer Generationensymbiose begibt sich: der siebzigjährige Meister saugt dem vierzigjährigen, der sein Sohn sein könnte, das Mark aus den Adern; niemals wird Boito das Werk seines Lebens, den »Nerone«, vollenden (Toscanini präkonstruiert die Partitur 1924 aus dem Nachlaß des Freundes), nie wieder wird er eine Oper herausbringen. Statt dessen schreibt er Verdi die Libretti seiner späten Jahre – Textbasis jenes Wunders einer Alterserweckung, das dem Siebzigjährigen widerfährt. Wie anfällig die Beziehung, wie opferreich Boitos Entsagung ist, zeigt sich im Blitzschein der Bestürzung, die Verdi befällt, als er einen Zeitungsklatsch liest: Boito, so geben mehrere Blätter ein Bankettgespräch wieder (Opperndinge sind Hauptfragen des gesellschaftlichen Lebens), sei das Jago-Sujet fast widerstrebend angegangen, als der Text aber fertig war, »habe er bedauert, ihn nicht selbst vertonen zu können«. Das liest Verdi und gibt dem

Kollegen über Faccio mit feierlicher Briefbekun-
dung alle Rechte an seinem Libretto zurück. Natürlich ist das ein Mißverständnis, Boito berichtigt mit
Bestürzung – Verdi quittiert seinen Brief so knapp
wie ausdrucksvoll: »Da Ihr es nicht wollt, sage ich
nicht danke; aber ich sage bravo.«

Das dramatische Interesse seines Koproduzenten
gilt einem Figurentyp, der Verdi, dem genuinen
Dramatiker, elementar vertraut ist: der Gestalt des
Widersachers, des Störenfrieds und Unheilbereit-
ters, die er philosophisch wie dramatisch ins Über-
mäßige steigert: zu der nihilistischen Zentralfigur,
die, aus reiner Lust an Zerstörung, die ganze Handlung, als ihre einzige Triebkraft, an sich reißt. »Mefistofele« und »Nerone« sind Opern, aus diesem Stoff,
diesem Interesse gemacht, das ein bohrend-zeitge-
mäßes ist und bei Nietzsche, bei Baudelaire anders
bestimmend wird. Was hier, an Wagners Nibelun-
gen-Helden, die Alberich und Hagen, anknüpfend,
musikdramatisch Gestalt annimmt, ist die furchtbare Frage nach den subjektiven und objektiven
Schranken des Bösen in einer entgötterten Welt;
das zwanzigste Jahrhundert wird, was hier ästhe-
tisch und philosophisch vorgefühlt wird, im mörde-
rischen Großversuch einer entsetzten Welt vor Augen führen (und die Planungen, obschon neuerdings eingeschränkt, dauern an).

Daß es nicht der Nero-Stoff, sondern die Geschichte des eifersüchtigen Mohren ist, die Verdi
ergreift, um sie auf einen späten Gipfel tragisch-

musikalischer Artikulation zu führen, so daß das Werk dann folgerichtig »Otello« und nicht mehr »Jago« heißt, deutet auf Affinitäten, über die keiner der Beteiligten ein Wort verliert. Boito hat Verdi eine Figur an die Hand gegeben, die ihn, wie keine frühere, bei seiner eigenen Befindlichkeit packt; er hat jene Quelle angerührt, aus der Wagner seit frühen Jahren schöpfte: die Subjektbezogenheit des Helden. Verdi hat sich immer zugleich als Feldherr und als Mohr empfunden, als bäurisch-ungefüger Außenseiter, der sich durch leidenschaftlichen Dienst eine fremde, widerspenstige Welt gewinnt. Das ist so sehr seine innere Wirklichkeit – eine hochverletzliche, leicht beirrbare Seelenwirklichkeit –, daß er die äußere, wo sie dem Bild nicht entspricht, nach ihm modelt und seine Kindheitserinnerungen ins sonderlich Dürftige und Bildungsferne stilisiert. Die dämonische Macht, die ihm vorspiegelt, die weiße Braut, Italiens Liebe, sei von ihm abgefallen (und ist sie nicht wirklich abspenstig, dem Mann aus dem Gotenlande, Wagner, zugetan?), wühlt als die Projektion seiner Unsicherheit in seinem eigenen Innern – Otellos Qualen, imaginär und um so brennender, sind ihm vertraut als die seinen. In dem Moment, da sie ihm gestaltungsfähig werden, sind sie in Wirklichkeit überwunden; an der Tragödie der Selbstbeirrung überwindet er die eigene.

Eine Altersproduktivität erwacht, von der Ernst Blochs schönes Wort gilt, daß sie »Blüten und

Früchte zugleich« trage; sie ist eins mit der Fähigkeit zum Bündnis, zur Synthese. Denn nicht nur librettistisch, auch musikalisch öffnet sich Verdi dem Wissen und den Ansprüchen der Jungen; die Transparenz seiner Formbildung, der Drang zur deutlichen Linie, zur klaren instrumentalen Farbe lädt sich, bei Zurückdrängung aller Bravourgebärde, mit einem Reichtum der musikalisch-dramatischen Nuance auf, der einen inneren Klärungsprozeß erweist. Der der Entwicklung Schranken zu setzen versucht hatte, indem er – im »Carlos«, in »Aida« – die alte Form bis zu ihrer äußersten Entfaltungsmöglichkeit spannte (Wagner war mit »Lohengrin« dorthin gekommen), zeigt sich an neuen musikalischen Ufern, und eigenen durchaus. »Der Bruch mit jedem System und mit jeder Konvention«, schreibt Monaldi 1898, »ist im ›Otello‹ vollständig durchgeführt. Die Freiheit und Unabhängigkeit der Formen ist bis zu einem derartigen Grade betätigt, daß es Torheit wäre, wenn man behaupten wollte, man könne darin noch weitergehen.« Kein Zweifel, es schaudert Verdis alte Gefolgschaft.

Und dann noch eine Oper, und wieder von Boito, mit präzisem Griff aus zwei Stücken jenes Meisters kompiliert, auf den Verdi sich mit Wagner stets hätte einigen können – er nennt ihn zuweilen »Signor Guglielmo« und manchmal einfach »Papà«: Shakespeare. Die Gattung, mit der er, ein Bajazzo, der Lachen spielen muß auf dem Grund der Tragödie, 1840 durchgefallen war, einem Lustspiel, kompo-

Verdi um 1898

niert in Wochen, da ihm zwei Kinder und seine Frau
wegsterben (nie wieder hat er danach zu einem hei-
teren Stoff gegriffen) – die Buffa macht als *comme-
dia lirica* nun den Beschluß und tut es in einer Weise, die von Ende nichts, um so mehr von Reife an
sich hat, mit einem musikalisch reichbewegten Parlando, einer kontrapunktisch blitzenden instrumentalen Geschmeidigkeit, die neue Horizonte
musikalischen Theaters eröffnet.

Das Werk, »Falstaff«, ist wie eine Selbstparodie –
humoristische Rekapitulation all der Figurationen,
an denen sich Verdi, der Tragiker, ein Leben lang ab-
gearbeitet hat, ein Noch-einmal-Heraufrufen der
agonalen Konstellationen zu ihrer befreiten, ent-
lasteten Gestalt. Ein Mann zwischen zwei Frauen,
eine Frau zwischen zwei Männern, zwei gleich guten Männern (dann waren es Mißverständnisse)
oder einem guten, einem bösen Mann (und so bei
den Frauen); unerbittliche Väter, verfolgte Töchter –
alle diese Situationen, dramatisch herrschend von
»Nabucco« bis »Aida«, türmt Boitos Komödie aufein-
ander, und in prägnantester Verkürzung. Da gibt
es, in einer Person, den eifersüchtigen Gatten und
den verblendeten Vater; eine Frau, Mrs. Ford, bewegt sich scherzend zwischen Anbeter und Ge-
mahl; ein Mann, Falstaff, schwankt (Schwanken ist
seine Grundbefindlichkeit) zwischen zwei Frauen;
und über die Irritationen, Begehrlichkeiten, Enttäuschungen der gestandenen Männer, erfahrenen
Gattinen hinaus schwingt sich, orchestral beflü-

gelt, mit betörendem Tonfall das Liebesseufzen des jungen Paars. Mit ganz leichter, ganz sicherer Hand ist hier, auf scheinbar fremdem Terrain, ein Höchstes, Eigenstes erreicht; in dem Lächeln des Tragikers geht seine lebensvollste Gestalt auf.

.

Aufhebung

So war es Wagner mit den »Meistersingern«
ergangen, deren Mailänder Erstaufführung dem
Entschluß zu »Falstaff« unmittelbar vorausgeht. In
all ihrer Ferne, die so groß ist wie zwischen dem
Streichquartett und dem Siegfried-Idyll, sind die
beiden exorbitanten Gegen-Stücke, das schlanke
und das ausladende, das sprühend-kecke und das
mit »Heimweh-Unrast-Macht« (Ernst Bloch) we-
bende, einander verschwistert. Ist bei dem späteren
Werk, in dem sich alles schon bei Nacht regelt und
mit dem mindesten Aufwand, ein Mehr an Zukunft? In der Jugend, die schon auf den Plan tritt,
ist es ihnen bestimmt, zur Synthese aufzugehen.
Wagner *und* Verdi – hier erst tritt die Konjunktion
in ihr Recht – sind zwei Parallelen, die sich nicht
erst im Unendlichen, sondern schon in der über-
nächsten Generation schneiden. Hans v. Bülow,
fanfarenmäßig wie so oft, macht sich zu deren
Sprachrohr. 1874 – da hatte Verdis Verleger Ricordi
gerade durch eine Boykottdrohung zu verhindern
gewußt, daß die Scala den Deutschen zu ihrem
Chefdirigenten beruft – hat er einen aberwitzigen
Artikel gegen Verdis Requiem geschleudert; als
»der Attila der Kehlen« (Verdi hatte einmal einen
»Attila« geschrieben) war Verdi hier erschienen,

und der Rezensent sah sich außerstande, kalten Blutes dem »Triumphe romanischer Barbarei« beizuwohnen – er hatte die Aufführung gar nicht gehört. Nun, anno 1892 (»Falstaff« ist noch in Arbeit), tut er in einem Brief an Verdi Abbitte; das neuerliche Studium von »Aida«, »Otello«, dem Requiem habe ihn eines Besseren belehrt. »Wohlan, erlauchter Meister, jetzt bewundere ich Euch, liebe ich Euch! Wollt Ihr mir vergeben, wollt Ihr das Vorrecht der Herrscher in Anspruch nehmen, zu begnadigen? Wie auch immer: ich muß, denn ich kann es, vergangene Schuld bekennen, sei es auch nur, um den jüngeren verirrten Brüdern ein Beispiel zu geben. Und getreu dem preußischen Motto *Suum cuique* rufe ich beherzt aus: Es lebe *Verdi*, der Wagner unserer lieben Verbündeten!«

Verdi, der Wagner unserer (des neuen Deutschen Reiches) lieben Verbündeten – ist das das erlösende Wort der historischen Gerechtigkeit? Mit souveräner Geste spendet der Achtundsiebzigjährige Absolution: »Sehr verehrter Maestro Bülow! Es gibt keinen Schatten von Sünde in Euch! – und es geht nicht an, von Reue und Vergebung zu sprechen! ... Wenn die Künstler im Norden und im Süden verschiedene Neigungen haben, mögen sie eben verschieden sein! Alle sollten die ›Eigenart ihrer Nation‹ bewahren, wie Wagner sehr gut gesagt hat. Glücklich ihr, die ihr noch immer die Söhne Bachs seid! Und wir? Auch wir, die Söhne Palestrinas, hatten einmal eine große Schule – und die unsere! Jetzt ist sie verfälscht und vom Untergang bedroht! Ob wir zum Anfang zurückkehren können?!«

Was sich bei Bülow, dem sechzigjährigen Dirigenten, pathetisch-proklamativ bekundet: Vermittlung statt Ausgrenzung, zeigt sich an den Jüngeren produktiv. Sie finden sich auf dem hier von Wagner, dort von Verdi bestimmten Boden ihrer nationalen Kultur und greifen mit Selbstverständlichkeit, wie nach einer Befreiung, nach den Errungenschaften der andern. Auch hier mischt Komik sich ein – Verdi verkennt den jungen Mann, der dem Zweiundachtzigjährigen seine erste Oper, »Guntram« mit Namen, widmen möchte; er heißt Strauss, und der also Beehrte fragt bei seinem Verleger an, ob es sich um den »Verfasser der Walzer« handle. Er dankt Richard Strauss für die Sendung, zu der Partitur äußert er sich nicht – ist sie ihm zu massiv, zu wagnerisch geraten? Der alte Groll sitzt tief und bricht manchmal drastischer denn je auf. 1896 zürnt Verdi, daß »bei der derzeitigen Richtung und Tendenz« noch viel zu tun bleibe, »bevor man diese (wie einige meinen) so bombastische und geschwollene Musik satt hat, die platzt und nichts hervorbringt«. »Wie einige meinen« – er läßt sich ein parenthetisches Schlupfloch.

Ein anderer Exponent der jungen, synthesefähigen Generation – er ist als Fünfzehnjähriger in Wien vor Begeisterung neben Richard Wagners Kutsche hergelaufen – schickt ihm leider nichts; in vielen Genres vollzieht er den Akkord der Schulen, der Überlieferungen zu einem neuen Klang, in dem die alten Dichotomien aufgehoben sind. Wie hätte der alte Verdi Hugo Wolfs » Penthesilea«-Sinfonie aufgenommen, diese aus Aufbruch und Traum gefügte Verbindung romanischer Verve mit deutscher Inständigkeit, wie die leichtsinnige Eleganz der Italienischen Serenade? Und wie den » von der Sonne des Südens« (Ernst Krause) durchwärmten » Corregidor«? Es gehört zu den Absurditäten des deutschen Repertoires, daß es Wolfs Oper, die sich, so wie das Italienische Liederbuch, mit eigenartiger Meisterschaft auf der Grenze der Kultursphären bewegt, so wenig kennt wie Schuberts Gegen-Stücke zu Rossini. Strauss' » Rosenkavalier«, in dem das sprühende Parlando des » Falstaff« sich mit der Orchestermacht der » Meistersinger« auflädt, fixiert den Begriff der musikalischen Komödie für die deutsche Opernbühne des anbrechenden Jahrhunderts.

Von der andern, der italienischen Seite vollzieht der *verismo* die Annäherung; in den beiden Kurzopern Mascagnis und Leoncavallos (beide setzen sich, bald verkoppelt, in den neunziger Jahren an die Spitze der Erfolgslisten), wappnet sich italienisches Melos mit der Wucht und Sensitivität Wagnerscher Orchesterdramatik. Und der Stärkste der Richtung, Puccini? 1884 wird Verdi auf den Sechsundzwanzigjährigen aufmerksam, der gerade seine erste, mit zwei Orchesterzwischenspielen angereicherte Oper, » Le Villi« nach dem Ballettstoff der

»Giselle«, vorgelegt hat; die Diagnose des Alten ist von väterlich warnendem Wohlwollen. Ahnt der alte Meister den jungen, der dazu bestimmt ist, das Erbe seines Ruhms – und des Ruhms der italienischen Oper – anzutreten? »Er folgt den neuen Tendenzen«, schreibt Verdi an Ricordi, »und das ist nur natürlich, aber er hält sich recht an die Melodie, und die ist weder alt noch neu. Doch scheint es, daß er vorwiegend Symphoniker ist: an sich kein Unglück. Nur muß man da vorsichtig sein. Oper ist Oper, Symphonie ist Symphonie; und ich glaube nicht, daß es sich gut macht, wenn man in der Oper ein symphonisches Stück anbringt, bloß um einmal das Orchester loszulassen. Ich sage das, um es gesagt zu haben, und lege dem weiter kein Gewicht bei, bin auch durchaus nicht sicher, etwas Richtiges gesagt zu haben, dafür aber sicher, etwas gesagt zu haben, was der Richtung der Zeit widerspricht. Jede Zeit hat eben ihre Losung. Die Geschichte wird späterhin feststellen, ob es eine gute oder eine schlechte Zeit gewesen ist.«

Ist es eine gute, eine schlechte Zeit? Es ist, immer noch, eine kunstbesessene Zeit; Weltprobleme, Gesellschaftsfragen werden als Kunst-Alternativen, als Opernfragen ausgetragen. Es ist dies der Hintergrund, auf dem das Unverhältnis dieser beiden, Wagners und Verdis, Dringlichkeit und Bedeutung gewinnt. Wagner, Verdi – das ist keine Geschichte, und es ist eine große Geschichte. Es ist die Geschichte von Revolutionen, Konterrevolutionen,

Kriegen, die, so wie in das Leben der Völker, in das Bewußtsein der Kunst einschneiden. Es ist die Geschichte von dem Riß, den eine neue, profitgetriebene technische Produktivität durch die Musik wie durch alle Kultur treibt, und seinen Folgen für deren Selbstverständnis, deren Sprache. Es ist die Geschichte von dem Widerspiel nationaler Musiksphären, die sich in ihrer Geltung ablösen: erst herrscht die eine, und die andere sammelt Kräfte des Widerstands, der Behauptung; dann siegt diese und nützt sich herrschend ab; eine neue Generation überwölbt die Antinomien und führt zu eigenartiger Synthese, was den Vätern in unaufhebbarem Gegensatz stand. Wege ins Unbetretene bahnt das Vermögen eines störrischen alten Mannes, sich Jugend zu verbinden, sich von Jugend voranbringen zu lassen. Er muß kein Wagnerianer werden, da seine Mitarbeiter es sind – er kann mit vermitteltem Sprung, einer Parole gemäß, deren dialektischen Tiefsinn ihr Urheber niemals ahnte: *Überholen ohne einzuholen!*, sich in Zukunft werfen. Zuletzt ist es die Geschichte von dem Gewicht der Kultur als einer Kraft, die gesellschaftliche und geistige Verhältnisse zur Erscheinung und also zum Austrag bringt. Die Lager, die sich hier bilden, bekämpfen, verunglimpfen, zeugen, indem sie Kulturgegenstände für streitwürdig erachten, von deren Rolle im geschichtlichen Prozeß; auch und gerade an Oper, so zeigt sich, ist dieser festgemacht. Die Koexistenz, die hier blüht, ist eine friedlich-kontroverse und darum fruchtbar; nicht in die Neutralität von Kulturgütern sind die Werke entrückt. Als hohe Symbole des Zeitgeists treten sie in die Arena der Epoche; ihre Wirkung umschreibt einen Raum, in dem Leidenschaft ebenso aufgeht wie das, was sie läutert, was sie bildet: die Kunst.

FRIEDRICH DIECKMANN

geboren 1937. Lebt als Schriftsteller in Berlin-Trep-
tow. 1972–76 Dramaturg am Berliner Ensemble.
1983 Auszeichnung mit dem Heinrich-Mann-Preis
der Akademie der Künste der DDR. Im gleichen
Jahr internationaler Kritikerpreis in Venedig für das
Buch »Richard Wagner in Venedig«.
Weitere Buchveröffentlichungen: »Karl von Ap-
pens Bühnenbilder am Berliner Ensemble«, 1971;
»Streifzüge«, Essays, 1977; »Theaterbilder«, Studien
und Berichte, 1979; »Orpheus, eingeweiht«, Erzäh-
lung, 1983; »Radierungen zur Zauberflöte«, 1984.

Übersetzungsquellen

Giuseppe Verdi: Briefe, ed. Franz Werfel, Deutsch
von Paul Stefan, Berlin–Wien–Leipzig 1926
Giuseppe Verdi: Briefe, ed. Werner Otto, übersetzt
von Egon Wiszniewsky, Berlin 1983
Gino Monaldi: Verdi, Stuttgart 1898
William Weaver: Verdi/Eine Dokumentation, Ber-
lin 1980
Louis Biancolli: Große Gespräche, übersetzt von
Hans-Georg Brenner und Susanna Rademacher,
Hamburg 1958